日本の妖怪百科

にほんのようかいひゃっか

岩井宏實――監修

目次

② 水の妖怪

【表紙・扉・目次】
『百鬼夜行図』（東京大学総合図書館所蔵）より

3 里の妖怪

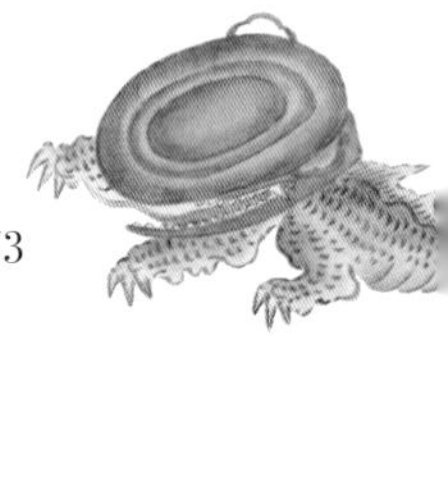

④ 屋敷の妖怪

装幀　佐藤大介（sato design.）
編集協力　小山茂樹・涌本真知子（有限会社ブックポケット）

妖怪大集合

『妖怪図』秀斎画。病に伏した後鳥羽法皇の夢にあらわれた妖怪の大パレード。（早稲田大学図書館所蔵）

大金

大金

『百種怪談妖物双六』歌川芳員画。（東京都立中央図書館特別文庫室所蔵）

1 山の妖怪

山のなかは海の底と同じように、ふしぎな霊の力が支配する世界だと人々は考えてきました。山を支配する山の神は、山で仕事をする人にとって、もっとも身近なものでした。しかし、それはまた、もっとも恐れなければならないものでもありました。この山の神が姿を変えてあらわれるものとして、「鬼」や「天狗」、「山姥」や「山爺」、「一つ目小僧」や「大百足」、「ダイダラボウ」などの恐ろしい姿をした妖怪たちを想像したのです。

妖怪とはなんだろう

岩井宏實

人間はこれまで、里で暮らしていても山で暮らしていても海辺で暮らしていても、いつも自然と向かいあって生活しなければなりませんでした。ところが、自然は人間の力ではどうしようもないふしぎな力をもっていて、人間はいつも、自然の強さを意識しながら暮らさなければなりませんでした。まったくわけのわからないことが起こったり、ふしぎな現象があらわれたりして、自然は人間を怖がらせたのです。そのような出来事や現象が、「妖怪」といわれるものです。妖怪を古代の人は「物の怪」と呼び、また「百鬼夜行」や「魑魅魍魎」などといった恐ろしい言葉であらわしていましたが、やがて「お化け」や「化け物」などと呼び習わすようになりました。

このようなふしぎな出来事やふしぎな現象は、初めは一人か二人の人が出会ったり、体験したりしたものだったのかもしれません。しかし、やがて同じような生活をしている人たちみんなが、共通に意識するようになりました。そして人が同じような知識や経験をもっていたために、霊魂や神などに対しても同じような考えをもつようになったのです。こうして、人々が想像したような決まった姿かたちで妖怪があらわれ、人間とかかわるようになっていったのです。南北に長い日本列島ですが、妖怪の姿やあらわれ方には、あまり違いがありません。

人々は妖怪を神秘的なものとして、それが毎日の暮らしに幸せをもたらしても不幸をもたらしても、神がそうしているのだと考えました。そこから、神と妖怪とを一つのものとする考え方が生まれたのです。そして、神のなかには、

『百鬼夜行図』。(東京大学総合図書館所蔵)

神聖な霊のもつふしぎな力をおとろえさせて落ちぶれてしまい、妖怪と考えられるようになったものもたくさんあります。そのようにして、人間にとってよい働きをする妖怪は神としてあがめられるようになり、悪い働きをする妖怪はそのまま妖怪として恐れられたのです。

妖怪の姿は、人間がどう思うかによって変わるもので、時代によっても変化します。妖怪は人間に危害を加えたり怖がらせたりしますが、ときには人間に恩恵を与えてくれることもあります。人間が妖怪のすむ領域に踏み込んだり、その神秘性をけがしたり、人としての道徳に反したりしたときは、ようしゃなく人間をおどし、精神的に圧迫を加えてきます。しかし、人間が妖怪に親しみ、仲良くして道徳を守る生活をすれば、妖怪は人間を助けたり、楽しませたりしてくれるのです。

また、妖怪と人間がコミュニケーションをもつことによって、精神的に行き詰まったときなどには、心に安らぎを与えてくれるものです。このような、二つの面をもつのが日本の妖怪の特色なのです。

鬼

人を恐れさせる鬼と人に恵みをもたらす鬼

日本人にとっての鬼

鬼は日本の代表的な妖怪です。妖怪のなかでもいちばん凶暴で力も強く、恐ろしい姿をしていて、人をさらったり、おそったりするとして、昔からとても怖がられてきました。しかし、ときには人間にたたりをする悪霊をはらってくれることもあるのです。

思いやりの心がない人でもたまにはやさしい気持ちになることがあるという意味で「鬼の目にも涙」、ただでさえ強いものがもっと強くなるという意味で「鬼に金棒」、大きな手柄を立てて得意になるようすを「鬼の首をとったよう」などといいます。ほかにも「鬼のいぬ間に洗濯」、「仕事の鬼」、「来年のことをいうと鬼が笑う」といった、たくさんのことわざやいい習わしがあります。

また、鬼は古代から歴史の本や物語、日本の伝統芸能である能や歌舞伎、郷土芸能などにもよく登場します。これらのことは、鬼が日本人の心のなかに大きな位置を占めてきたことをあらわしています。

追儺面の鬼。節分の夜におこなわれる鬼やらいに用いられた。
（東京国立博物館所蔵　出典:ColBase ／ https://colbase.nich.go.jp/）

人を取って食う鬼

現在の奈良県に、結婚相手になかなかめぐりあえない娘がいました。ある人がもってきた縁談で結婚したその夜、娘は頭と指を残しただけですべて食べられてしまいました。その婿は鬼だったのです。これは、平安時代に仏教の話を集めて編集された『日本霊異記』に載っている奈良時代の物語です。この時代には、この世にうらみを残して死んだ人の霊が鬼になって、人を取り殺すのだと信じられていました。

　福島県の阿武隈川の東側にひろがる安達ヶ原にすむ鬼婆は、旅人を泊めてはその血を吸い、肉を食う鬼として、能の「黒塚」にも演じられています。

　奈良時代に、和歌山県熊野の東光坊祐慶という僧が全国修行の途中にこのあたりを通りかかると、老婆が住む岩屋がありました。夜もすっかりふけていたので、僧は一晩泊めてほしいと頼みました。

　老婆は招き入れてくれ、「これから山へ薪をとりにいくが、留守のあいだに寝室をのぞいてはいけない」といって、でかけていきました。ふしぎに思った僧がのぞいてみると、そこには食い殺されたたくさんの人間の死体が積み上げられていました。おどろいた僧は大急ぎで逃げだしましたが、気づいた老婆が鬼の姿になって追いかけてきます。あわやというところで、僧がもっていた仏像に向かって秘密のまじないの言葉をとなえると、仏像は空へ舞い上がり、矢を射かけて鬼を退治したという話です。

『奥州安達がはらひとつ家の図』　月岡芳年画。
（国立国会図書館所蔵）

『頼光大江山入之図　碓井貞光』歌川国芳画。
（尼崎市立歴史博物館所蔵）

大江山の酒呑童子

鬼の話でもっとも有名なのが「大江山の酒呑童子」です。

京都府の北部、丹波の大江山に鬼がすんでいて、京の都や近くの人をさらうというので、恐れられていました。この鬼のかしらは酒を呑んだように真っ赤な顔で、子どもの姿をしていたので酒呑童子と呼ばれていました。

あるとき、池田中納言の姫がさらわれ、源頼光が鬼退治を命じられました。頼光は四人の家来をしたがえ、山伏の姿で大江山に向かいました。大江山に着くと、鬼たちと酒盛りを始めました。頼光は酒好きな鬼をだまして毒の入った酒を呑ませ、酔って寝ている鬼の首を切り落として姫たちをすくいだしました。

日本では、昔から神さまがこの世にあらわれるときは童子（子ども）の姿になると信じられてきました。ですから、ここに出てくる鬼は、人間の祖先の霊が山に入って神となった「山の神」（四九ページ参照）が落ちぶれはてて鬼になったものだと考えられます。

山の神は、もともとは山を支配し、あるときは人々に恵みを与えてくれ、あるときはきびしい罰を与える神だったのです。しかし、日本に仏教が伝えられ、やがて盛んになると、古くから伝えられてきた神々への信仰が薄らいできました。最澄という高僧が比叡山に延暦寺を建て、そこが天台宗の中心地となると、もともと比叡山にいた地主神である山の神が追いやられて大江

『摂津守源頼光・滝口内舎人渡辺源治綱』歌川国芳画。
（舞鶴市糸井文庫所蔵）

摂津守源頼光

和漢百物語

山にこもり、子どもの姿をした鬼となって人に災いをもたらそうとしたのです。

さまざまな姿に化ける鬼

仏教では、鬼は、生きているあいだに悪いことをした人が、死んだあとに落ちる地獄の番人だとされます。人々に地獄の恐ろしさを教えるために描かれた「地獄絵」では、鬼は恐ろしい姿をしていて、地獄に落ちた人間を永遠に責め苦しめるものとしてあらわされています。

人間のかっこうをして頭に角をはやし、牙をもち、肌の色が赤や青で、裸で腰に虎の皮のふんどしを締めて手には金棒をにぎるという、おなじみの姿は中世（鎌倉・室町時代）にできあがりました。

しかし、この恐ろしい鬼は、若い男性や美しい女性、小さな女の子などいろいろなものに化けて、人間をたぶらかします。

昔話を集めた平安時代の『今昔物語』に次の話が出ています。ある満月の晩に、三人の若い女性が松原を歩いていました。すると松の木の下に男が立っていて、一人の女性の手をとると木陰に連れていき、二人きりで話を始めました。残った二人は、すぐにもどるだろうと思って待っていましたが、話し声がやんでも出てきません。しばらくして木陰をのぞくと、さきの女性の手足がばらばらになって散らばっていたといいます。

『和漢百物語　酒呑童子』月岡芳年画。
（舞鶴市糸井文庫所蔵）

『地獄草紙』。
（奈良国立博物館所蔵
出典：ColBase ／ https://colbase.nich.go.jp/）

長野県の戸隠山に平維茂が鹿狩りに行くと、身分の高い美しい女性がおつきの腰元を連れて紅葉見物をしていました。女性は維茂に酒をすすめ、維茂が酔って眠り込んだあいだに立ち去ってしまいました。ふと目をさますと、その女性は鬼となって、今にも維茂につかみかかろうとしているところでした。維茂は八幡大菩薩に祈りながら、剣をふるってようやく鬼を退治することができました。これは、能の「紅葉狩」の話です。

また、江戸時代に出版された本に次の話が載っています。小石伊兵衛尉という人が身ごもった妻を連れて山にでかけましたが、妻は山のなかで赤ん坊を産み落としました。ちょうどそこへ女の子が通りかかったので、伊兵衛尉は赤ん坊の世話を頼みました。ところが、女の子の口が突然耳まで大きくさけて、赤ん坊の頭を食べてしまいました。

『新形三十六怪撰　平惟茂戸隠山に悪鬼を退治す図』月岡芳年画。（国立国会図書館所蔵）

悪霊をはらってくれる鬼

このように、鬼が人をさらったり食べてしまったり、というたいへん恐ろしい話がたくさんありますが、昔話の世界では、反対に人間にこらしめられたり、人間を助けてくれるものとしても描かれています。「桃太郎」にやっつけられる鬼、打出の小槌で体をずんずん大きくしてくれる「一寸法師」の鬼、正直爺さんのこぶを意地悪爺さん

延暦寺の僧、良源は鬼に姿を変え疫病神の退散を祈願した。その姿を写したお札は角大師として知られている。

の頬につけ替えてしまう「こぶとり爺さん」の鬼など、いろいろいます。

鬼は、人間の力ではおさえることができない雷、風、嵐などを起こすものと信じられていました。雷神、風神が鬼の姿で描かれるのもそのためです。人々はそれを鎮めたり、追い払ったりして人間の生活を守ってくれるのもまた鬼だと考え、芸能や祭りにそれをあらわしました。

そして、鬼は、一年の決まった日に私たちのところにやって来るという考えもあります。二月の節分の日の鬼もその一つです。節分の夜には鬼が家のなかに侵入しないように、鰯の頭やヒイラギの葉を戸口にさしたり豆をまいたりします。この風習は、鬼は悪者であるという考え方が中国から入ってからおこなわれるようになったものです。

鬼は人間に幸せをもたらしてくれる神さまであるとする考えから、豆まきをするときに一般的に使われるかけ声とは違って、「福は内、鬼も内」と叫ぶ地方もあるのです。

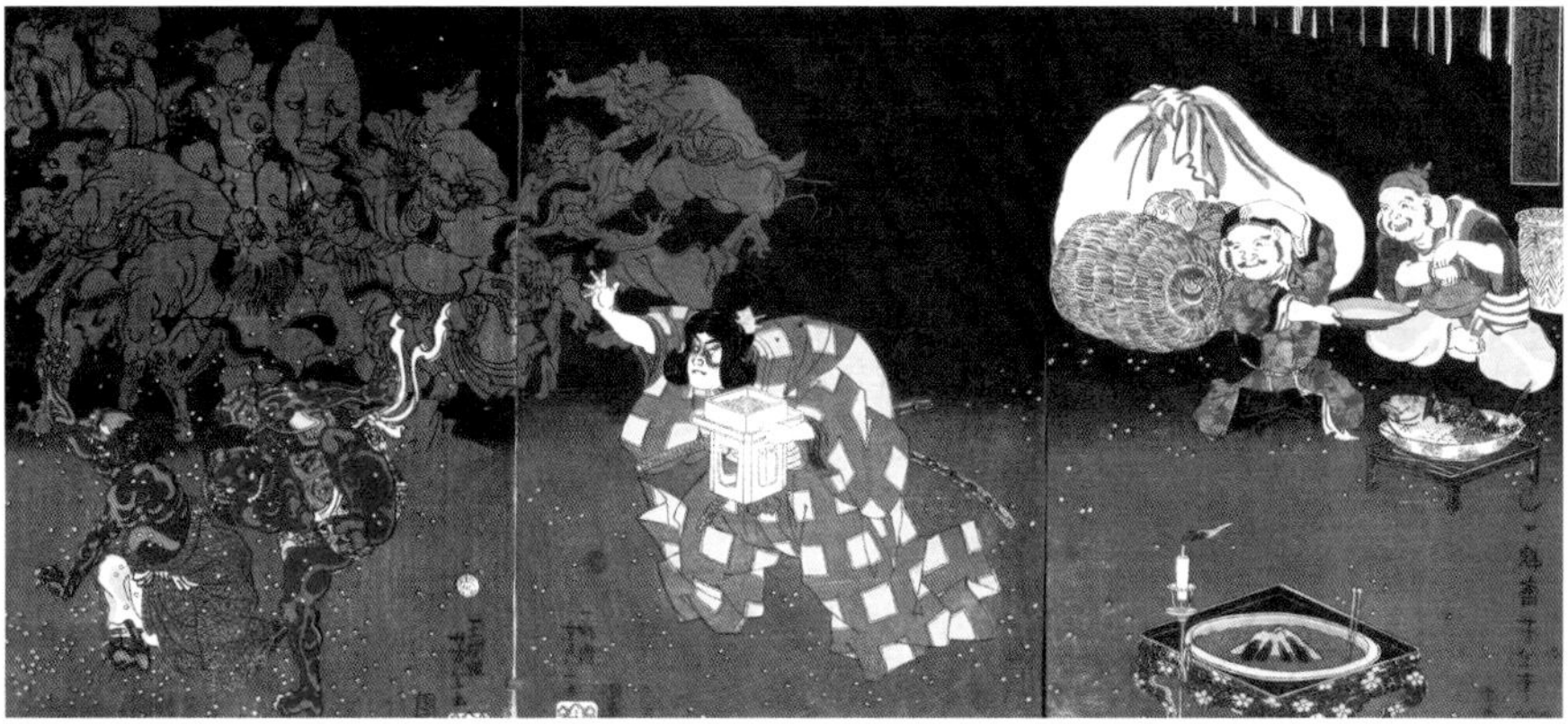

『桃太郎豆蒔之図』月岡芳年画。（早稲田大学図書館所蔵）

『桃太郎豆蒔之図』月岡芳年画。(早稲田大学図書館所蔵)

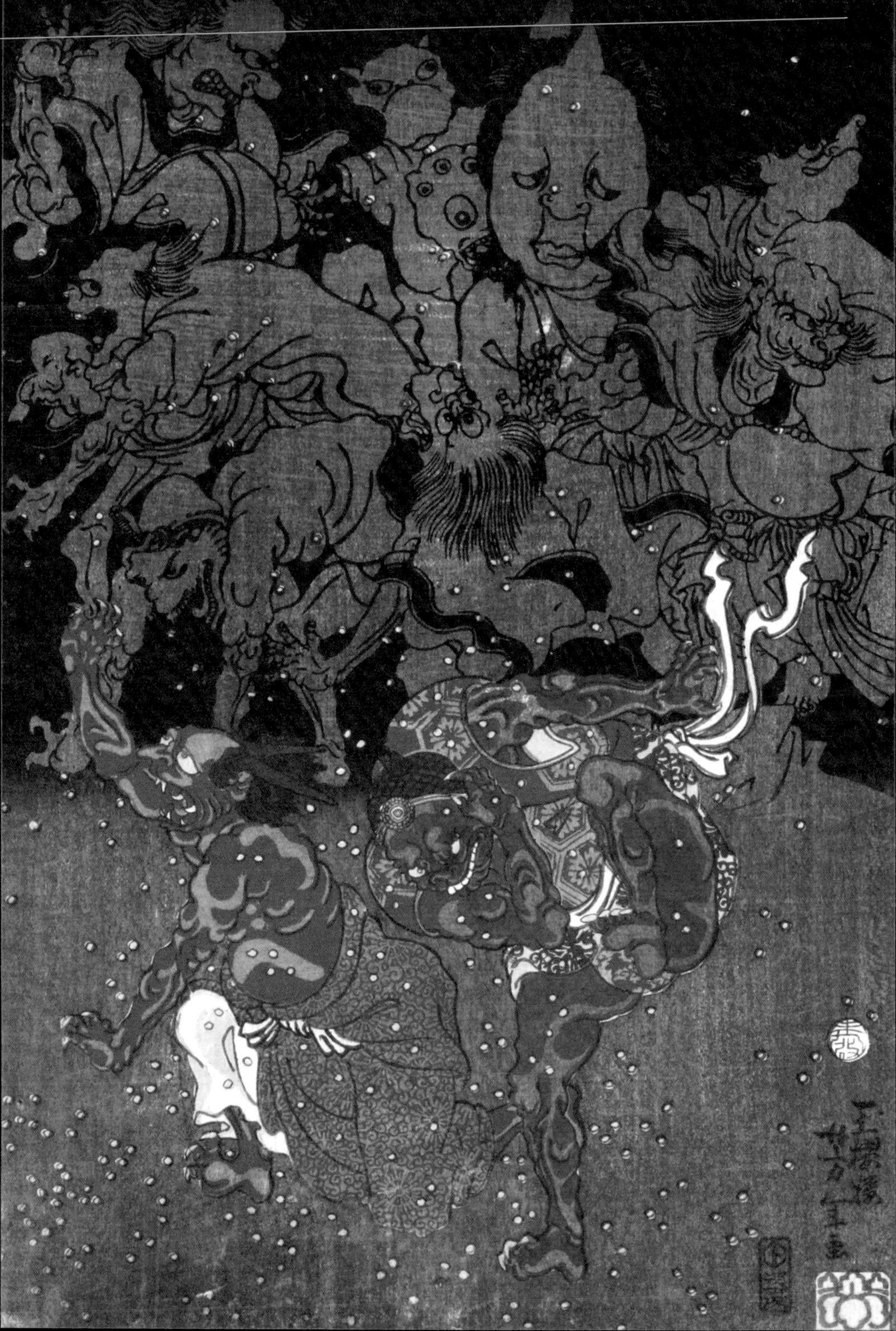

天狗

鼻の高い赤ら顔、山奥にすみ空を飛びまわる

『てんぐのだいり』（国立国会図書館所蔵）

天狗と人間とのかかわり

天狗は鬼とならんで、山の妖怪の代表選手です。顔の色は赤くて、とても高い鼻をしています。自分や身内のことを誇りに思う気持ちを「鼻が高い」と表現しますが、その気持ちが強くなりすぎて、うぬぼれて高慢になることを、「天狗になる」といいます。

天狗は山伏のような服装をし、手には羽団扇をもっていて、神通力があって空中を自由に飛びまわることができるとされています。しかし、天狗がこうした姿をしていると考えるようになったのは、室町時代のことで、それより前は、時代によって、また地方によって、天狗をいろいろな姿に想像しました。大きな流星、狸のような姿、口が烏のような姿（これを烏天狗といいます）などさまざまです。そのことは、

天狗が人々の生活と深いかかわりがあったことを示しています。

人はだれでも、山奥に入り込むと不安になり、怖くなります。昔も今もそれは変わりません。そのため、人々は山のなかのふしぎな音や声、火などの出来事は全部姿の見えない天狗のしわざだと考えたのです。姿が見えないために、よりいっそう人間が理解できない力をもつのだとしたのです。

天狗倒しと天狗太鼓

このような怪異現象の一つに、夜更けに斧や鋸で木を切り倒す音が聞こえるので、次の日の朝そのあたりに行ってみると、何も変わったことはないという「天狗倒し」という現象があります。また、夜、山に入ると、どこからともなく石がたくさん飛んでくるが、よく見ると石が見当たらないということがあり、これは「天狗の礫」と呼ばれます。

さらに、昼間でも、だれもいないのに突然大きな声で呼ばれたり、ゲラゲラと大笑いされる「天狗笑い」という現象があります。ある人が山道を一人で歩いていると、だれかが笑ったような気がしてあたりを見まわしましたが、だれもいません。そのまま歩き続けたところ、また大きな笑い声がしました。お返しに笑い返すと、もっと大きな笑い声がするので、気味が悪くなってその人は逃げ帰ってきたという話が群馬県に伝わっています。

笑うだけでなく、人に話しかけてくる天狗もいます。和歌山県の多七という人が用事ででかけ、帰りが遅くなり

『宮本無三四』歌川国芳画。（国立国会図書館所蔵）

『東海道名所之内　秋葉山』湯川周麿画。（国立国会図書館所蔵）

松林を歩いているときのこと。大きな木の下に草履がきちんとそろえてぬいであるのを見かけ、ひろおうかなと思ったのですがやめて通りすぎると、木の上から「いい心がけだ」という声がします。その声は天狗だったといわれています。

そのほかにも、山のなかで突然太鼓の音や囃子の音が聞こえる「天狗太鼓」、「天狗囃子」があります。群馬県には、雨が降って霧が出るような日に、ピイヒャラドンドンと、笛と太鼓の音が聞こえるといういい伝えがあります。

天狗の火と天狗の揺さぶり

夜中に、火の玉が飛ぶ「天狗の火」という現象があります。

愛知県の留吉という男が、夜明け前に草刈りに行こうとすると、向かいの山を一つの火が登っていくのが見えました。その火はやがて二つになったかと思うと、次から次にふえて、とうとう一面が火の山となって燃え上がって見えたといいます。

山小屋やふだん住んでいる家まで揺さぶる「天狗の揺さぶり」の話もあります。

愛知県の東部で、これらの天狗のしわざが全部一度に起こるという珍しい出来事がありました。三作という木こりが仲間八人と山に入り、山小屋に泊まって夜中に酒を飲んで大騒ぎをしていました。すると突然、山の上から石は降ってくるわ、小屋は揺さぶられるわ、火の玉は飛んでくるわで、みな酔いもさめてしまって生きた心地もせずに夜を過ごしました。ところが夜が明けてみると、あたりに何かがあったあとはまったくなかったといいます。

天狗隠し

これまでの話は、当人は怖かったのでしょうが、実際には、天狗は人間に何も害を与えませんでした。しかし、天狗が人に危害を加えた話もあります。

日本で初めて民俗学という学問を研究した柳田国男（一八七五〜一九六二）が『遠野物語』に次の話を書いています。『遠野物語』は、岩手県遠野地方に伝わる話を土地の佐々木喜善から聞き、また自分でもおとずれて集録したものです。

力自慢の若者が山に働きに行き、疲れて居眠りをしてしまいました。気がつくと、赤ら顔の大きな男が見下ろしているので「おまえはどこから来たか」と聞きましたが、返事をしません。突き飛ばしてやろうと飛びかかっていくと、逆に簡単にはね飛ばされて気を

『平家の驕奢悪逆を憎み鞍馬山の僧正坊を始メ諸山の八天狗御曹子牛若丸の影身に添ひ源家再興を企るに随従の英雄を伏さしむる図』歌川国芳画。
(尼崎市立歴史博物館所蔵)

比良次郎坊
愛宕栄術太郎
鞍馬僧正坊
飯綱三郎
彦山豊前坊
大峯善鬼
一勇斎國芳画

失ってしまいましたが、そのときは何事もありませんでした。その年の秋に村人がそろって山にハギを刈りに行き、帰ろうとするとその若者だけがいません。みんなで探すと、深い谷に手足を一つ一つもぎとられて死んでいる若者が見つかりました。

天狗のしわざとされるもののうちでも、もっとも恐ろしいのが「天狗隠し」です。子どもや若者、老人がある日突然姿を消してしまうことをこういったのです。各地に、天狗隠しにあって帰ってこなかった人の話がたくさんあります。

それでも、もどってきた人の例もあります。そして、その間、天狗のすみかに連れていかれたとか名所見物をしたなど、ふしぎな体験を語るのです。石川県の伊右衛門という老人も突然姿を消してしまいましたが、村中の人が手分けをして探しまわると、隣り村との境にはえている松の木の下に青い顔をして座っているのがようやく見つかりました。これは、「鯖食った伊右衛門やーい」と呼んだので見つかったのです。天狗は魚の鯖が嫌いなので、こういうとかくした人を出すというのです。

『画図百鬼夜行』鳥山石燕画。
（スミソニアン・ライブラリー所蔵）

天狗に恩恵を受ける

ところが、自分からなりたいと思って天狗になった人の話が石川県の金沢に伝わっています。

江戸時代に加賀藩の家老の屋敷にいた若者がいつも天狗になりたいと願っていて、ある日とうとう姿を消してしまいました。その後主人が寝ていると夢にあらわれて、「ようやく天狗になることができました。お世話になりましたので、これを受けとってください」と、馬の鞍とお守りを差し出しました。このお守りは、人が天狗にさらわれたときに手にもって探せば、きっとその人を見つけられるといいます。主人が目をさますと、鞍は庭のカエデの枝にぶら下がっていて、お守りは枕もとにありました。このお守りはたいへん効果があったということです。

同じ石川県のある人が、ある夜天狗にさらわれてしまいましたが、数年後にひょっこり帰ってきて、天狗に教えてもらったというあんころ餅を作って売るようになり、たいへん繁盛したという話もあります。

このほかにも、天狗に剣術を教えてもらったり、大力を与えられたという話があちこちにあります。平安末期から鎌倉初期にかけての武将、源義経は幼いときの名前を牛若丸といい、京都市北部の鞍馬山で天狗から武芸を学んだといいます。

これらの話は、天狗は人間を怖がらせたり危害を加えたりするいっぽうで、恩恵をほどこすこともあるという例です。それだけ天狗と人間の交流は深いものであった、ということをあらわしています。

天狗の失敗

天狗は愛きょうがあって、人間に親しまれ、ときには人間に負かされてしまうこともありました。

昔、ある村で魚の行商人が数人集まって、天狗岩というところで賭け事をしていました。するとそこへ天狗が出てきて、自分もやりたいといいます。そこで天狗も仲間に入れてふたたび始めましたが、天狗は賭け事などしたことがなかったので負けてばかり。初めに団扇、次ははいていた下駄というふうに次々と持ち物をとられてしまい、とうとう最後には姿をかくす大事な隠れ蓑までとられてしまったというのです。

天狗は、初めは人間とはまったく別の山奥にすんでいて、人間から恐れられるとともにまた、敬われてもいました。そして各地にある天狗松、天狗杉と呼ばれる大きな木が天狗のすみかとされました。これらの木は、神が天上から地上に下りてくるときにいったんおとまりになる依代と考えられます。つまり天狗は神さまとして敬われていたのです。天狗が人間をおどかしたり、危害を加えたりするのは、人間が神さまの領域をおかしたことに対する罰なのです。

この天狗が人間とのふれあいを深めるうちに、人間に近づき、人里にすむようになり、とうとう昔話のなかで人間に負かされるということにまでなってしまったのです。

ダイダラボウ

富士山を背負い、沼をつくった巨人

山や沼をつくりだした ダイダラボウ

日本各地に「ダイダラボウ」（茨城県）、「ダイダラボッチ」（神奈川県）、「デーランボウ」（長野県）、「レイラボッチ」（山梨県）などと呼ばれる巨人がいたという伝説が残っています。ダイダラボウの名前は、八世紀に編集された現在の茨城県にあたる常陸国の風土や産物、文化を記録した『常陸国風土記』にはもう出てきています。

神奈川県の相模原市に鹿沼と菖蒲沼という二つの沼がありました。昔、ダイダラボッチという巨人が富士山を背負ってこのあたりにやって来ました。あまりに重いので、腰をおろして一休みしました。やがてまた立ち上がろうとしましたが、富士山が重くてもち上がらず、とうとう背負縄まで切れてしまいました。そのとき踏ん張った足あとが鹿沼と菖蒲沼になったといいます。さらに、縄を作ろうとフジのつるを探しましたが、見つからないので、くやしがってじんだら（地団太）を踏んだらジンダラ沼ができ、締めていたふんどしを引きずったらフンドシ窪という窪地ができたといいます。

長野県の浅間山と碓氷峠のあいだには、デーランボウと呼ばれる巨人がすんでいて、背の高さは浅間山より大きいくらいだったといいます。ある日、デーランボウが碓氷峠に腰かけ、足を妙義山の谷間にのばして昼寝をして

茨城県水戸市の大串貝塚ふれあい公園内にあるダイダラボウ像。『常陸国風土記』によると、むかし、大男が丘の上から手をのばして浜の大ハマグリをほじくり出して取った。大男が食べた貝がらが積もって丘となったという。
（写真提供：水戸市教育委員会）

いると、猪が足をかじりました。デーランボウはおこって猪をにぎりつぶし、カマド岩に鍋をかけて猪鍋にしてしまいました。それを離山にもっていって食べようと鍋をもち上げたところ、岩に足をぶつけてこぼしてしまいました。それからこの地方の土には、汁の味がしみて、塩からい水が涌くようになったといわれています。

　愛知県の尾張富士は、昔、大男が運んでいた土がこぼれてできたといいます。この土をとったあとが琵琶湖となり、土を運んだところが富士山になったというのです。

手洗鬼　『絵本百物語』竹原春泉画。ダイダラボウの家来で、現在の香川県あたりにすんでいたという。（湯本豪一記念日本妖怪博物館〈三次もののけミュージアム〉所蔵）

畑仕事を手伝うオオヒト

　青森県では「オオヒト（大人）」と呼ばれます。岩木山のふもとに、弥十郎という農民が住んでいました。ある日、弥十郎が岩木山に薪をとりに行くと、オオヒトがあらわれ、相撲をとろうといいます。相手になって遊んでいるうちに日が暮れてしまったので、家に帰りました。夜中に大きな音がしたので、次の朝起きてみると、家の前に薪が山のように積み上げられていたのです。

　それから弥十郎とオオヒトは大の仲良しになり、弥十郎の仕事をオオヒトが手伝ってくれるようになりました。オオヒトは谷底から水を引いて村の田畑に灌漑をしてくれました。これを、村人は「逆さ水」と呼び、村の名前も「鬼沢」としました。

しかしある日、オオヒトは弥十郎の妻に姿を見られてしまい、それからはもうあらわれなくなってしまいました。そして弥十郎も山に入って、オオヒトになったということです。鬼沢には鬼神社があって、オオヒトが使ったという大きな鍬が御神体として祭られています。この村ではオオヒトを鬼と考えたのです。

長崎県では、「味噌五郎」という大男が、雲仙岳に腰をおろして、多羅岳に右足、天草に左足を置いて、有明海で顔を洗ったといいます。

ダイダラボウは山や沼をつくった巨人や鬼とされていますが、その初めは自然界を造りだした偉大な神として信仰されていたのです。その信仰がすたれていくなかで、力持ちの巨人や鬼となって地名の由来を説く伝説になっていったのです。

鹿児島県の巨人の伝説に「大人弥五郎」があります。弥五郎は古代に九州地方に住んでいた隼人の長と考えられています。隼人は、大和朝廷に反抗していたのですが、宇佐八幡（大分県宇佐市）の神に平定されたといわれています。弥五郎は山や沼をつくった大男とされます。弥五郎がつけた足あとや弥五郎が土を盛った山など、弥五郎がおこなったことを由来とする地名が各地に伝えられています。祭りにも登場し、町を練り歩く「弥五郎どん」は高さ五メートルもある大きな人形です。

弥五郎どん。（国立民族学博物館所蔵）

木霊

樹木に宿る精霊

柳婆『絵本百物語』竹原春泉画。
（湯本豪一記念日本妖怪博物館〈三次もののけミュージアム〉所蔵）

木の精

百年もの年輪をかさねた木には精霊が宿っていて、時々姿をあらわします。それを「木魂」、「木霊」と呼んでいます。

能の「芭蕉」に出てくる芭蕉精も、木の精霊の一つです。芭蕉精は、法華経をよむ僧の前にあらわれて、心をもたない草や木も、死んだあとには仏になれるかと聞くのです。

木の精霊には、「彭侯」というものもあります。彭侯は千年を生きた木の精で、姿は黒犬に似ていますが、尻尾はなく、人間の顔をしているといわれています。昔、中国の呉の国に住んでいた敬叔という人が、大きなクスノキを切ると血が出てきました。なかを見ると動物が血を流していて、それが彭侯だったのだといいます。

このほかにも、熊本県や京都府に

はツバキの精の「木心坊」、沖縄県には「椎の木の精」や古いヤナギの精の「柳婆」などがいると伝えられています。

沖縄の古木に宿るキジムン

沖縄県では、ガジュマル、アコウなどの木が年をとると、キジムンと呼ばれるものになるといわれています。キジムンは髪が長く、全身が毛でおおわれていて、場所によっては赤ん坊ぐらいの大きさで毛が赤いとも、大きな体をしていて毛が黒いともいわれています。

キジムンは、地方によっていろいろな性格をもった妖怪としてあらわれます。水の上に立ったり、人を引っ張って水の上を走ったりもできます。また、キジムンが燃やす火は海の上をすごい速さで走りまわりますが、その火がそばに来ても声をかけてはいけません。声をかけると、マブイ（霊魂）をとられてしまうからです。そのほかにも、夜寝ているあいだに戸のすき間から入り込んで人を押さえつけたり、提灯の火を消したりといったいたずらをすることもあります。

しかし、キジムンは人間にとってよいことをしてくれる妖怪でもあります。ある男がキジムンと友達になり、毎晩キジムンに連れられて漁に行きました。キジムンはとった魚の左の目だけ食べ、あとは男にくれたので、男はその魚を売って暮らしがたいへん豊かになりました。

しかし、やがて妖怪のキジムンとつきあっているのが怖くなり、「おまえは、何がいちばん嫌いか」と聞きました。するとキジムンは、「蛸が嫌いだ」と答えました。そこで男は、自分の家の門に蛸をつるしておくことにしまし

彭侯『今昔百鬼拾遺』鳥山石燕画。（スミソニアン・ライブラリー所蔵）

た。キジムンは二度と男の家にはやって来ませんでしたが、すぐに男は貧乏になり、やがて死んでしまったということです。

笑う人面樹と血を流す樹木子

山にはえている木のなかに、その花が人間の顔のような形をしていて、言葉は話さなくてもよく笑う木があるといいます。笑うと花は落ちてしまいます。この木を「人面樹」と呼びます。これはサザンカの精霊だといわれています。

　青森県のある寺の境内に、傷がつくとそこから血がにじみ出る木がありました。善蔵という男がためしに枝を折ってみると、やはり血がにじんできました。人々はたたりを恐れて、木の幹に仏像を彫り、木の霊をなぐさめたということです。この木はカツラの木だったので、「仏桂」と呼ばれたそうです。

　血を出す木は、下を通る人間の血を吸い込んだ木だともいわれます。こうした木は「樹木子」と呼ばれ、多くの戦死者を出した古戦場跡にはえているそうです。

人面樹　『今昔百鬼拾遺』鳥山石燕画。（スミソニアン・ライブラリー所蔵）

木魅　『画図百鬼夜行』鳥山石燕画。（スミソニアン・ライブラリー所蔵）

山姥・山爺

恐ろしい姿で人をおそう落ちぶれた山の神

『山姥と怪童丸』喜多川歌麿画。
（シカゴ美術館所蔵）

山の神さまだった山姥と山爺

山にすんでいる妖怪のうち、老婆の姿をしたものを「山姥」、老爺の姿をしたものを「山爺」、若い女の姿をしたものを「山女郎」と呼びます。また、北海道では「キムナイヌ」東京都では「テッジ」などと呼ぶものがありますが、みんな山にすむ妖怪です。長崎県や熊本県では「山女」と呼ばれていて、人と山で出会うとゲラゲラ笑い、血を吸うといいます。静岡県では「山夫」といい、全身が毛でおおわれています。ふだんは山にすんで、人が眠っていると寝息を吸いにくる「山地乳」というものもいます。

山姥は、口が耳までさけ、するどい目の恐ろしい顔をしていて、自分たちの領分とする山に侵入してくる人間を食べてしまいます。昔、山には山の神がいて、人々にあつく信仰されていました。山の神は女の神だといわれていましたが、だんだん山の神の信仰が薄らいでくるにつれて、落ちぶれて妖怪となってしまったのです。山爺は山姥の夫だといわれますが、山姥よりは怖くないとされています。

赤い体で㊎の腹掛けをかけ、熊や猪と相撲をとっていたという金太郎は、実は山姥の子どもとされています。鬼（一六ページ参照）や土蜘蛛（一三七ページ参照）退治で有名な源頼光が、現在の神奈川県の足柄山まで来たときに、小屋に住んでいる老婆と若者を見つけました。老婆は山姥で、その子はたいへん力が強く、竜の子どもだといいます。頼光は、金太郎を家来にして坂田公時と名のらせました。坂田公時はのちに頼光の四天王の一人として、妖怪退治に活躍したのです。

山姥は昔話の世界では、間抜けで人間にこらしめられてしまうこともあります。また、山から下りてきて、里の人と仲良くなったり、人間のためによいことをしてくれることもあります。

牛追いと山姥

昔、一人の牛追いの男が、牛の背に塩鯖を積んで山道を歩いて来ました。すると突然、山姥が出てきて、その鯖をよこせといって全部食べてしまいました。次は牛を食べて

山姥　『化物尽絵巻』北斎季親画。（国際日本文化研究センター所蔵）

山姥　『画図百鬼夜行』鳥山石燕画。（スミソニアン・ライブラリー所蔵）

山地乳　『絵本百物語』竹原春泉画。（湯本豪一記念日本妖怪博物館〈三次もののけミュージアム〉所蔵）

しまい、次にはおまえを食べるぞというので、男は逃げて沼のそばにはえている木に登ってかくれました。男の姿が下の沼の水面にうつっているのを見て、山姥は、男が水中にもぐっていると思い、水に飛び込みました。そのすきに男は山の一軒家に逃げ込んで天井にかくれました。

ところが、そこは山姥の家でした。

男をつかまえられなかった山姥はトボトボと帰ってきて、囲炉裏で餅を焼きながら居眠りをしてしまいます。そこで、男はカヤぶきの屋根からカヤをぬきとり、餅を突き刺して食べてしまいました。食べるものがなくなった山姥は甘酒をあたためながら、また居眠りを始めました。男は今度もカヤをストローのようにして甘酒を飲んでしまいました。

山姥は、しかたなしにすき腹をかかえて木の箱に入って寝てしまいました。そこで男は天井から下りてきて、囲炉裏で沸かした熱湯を箱にそそぎ、山姥を退治したのです。

この話は、こまかいところは違っていても、各地に広く伝えられています。

餅つきを頼む山姥

昔、高知県のある村へ、年の暮れにボロを着た老婆がどこからともなくやって来て、「正月の餅をつくときには、私の分もいっしょについてください」といって、もち米をもって家々をまわりました。どこの家でもことわりましたが、貧しいけれど親切な夫婦が、老婆の米を自分たちの米といっしょについてやりました。すると、つけばつくほど米がどんどんふえ、たくさんの餅ができたので、夫婦はふえた分を老婆に渡してやりました。それから毎年やって来る老婆に、夫婦は同じように餅をついてやりました。するとその家では年々米がよくできるようになり、村いちばんの豊かな家になりました。

やがて、夫婦は亡くなり、息子の代になりました。ところが、息子は餅をついてやりませんでした。すると、自分の家の餅をついてもできる量は少なくなり、米の収穫も年々減って、とうとう村いちばんの貧乏者となってしまったそうです。

山男『絵本百物語』竹原春泉画。
（湯本豪一記念日本妖怪博物館〈三次もののけミュージアム〉所蔵）

餅をほしがる山爺

また、高知県に次の話が伝わっています。ある男が山で山爺に会ってタカキビの種をもらい、畑にまくと大豊作になりました。その年の暮れに山爺が訪ねてきて、餅が欲しいといいました。男が腹いっぱい食べさせてやると、次の年もその次の年もタカキビは豊作でした。山爺は毎年やって来て、その食べる餅の量はどんどんふえていきました。

男はこのままでは、自分たちの分も全部食べられてしまうと思い、川原の石を焼いておいて、それを餅の代わりに山爺の口に入れてしまいました。山爺は熱がって、「早く茶を飲ませてくれ」と頼みましたが、男が熱した油を飲ませたので、死んでしまいました。それから間もなく、男の家はすっかり貧しくなったということです。

山姥も山爺も、里の人がよいことをすればそれに報い、悪いことをすれば不幸を呼び寄せるのだといわれています。

ご飯を食べない女房

昔、ある男が仲間と山に木を切りに行きました。どんな女房がいいかという話になって、この男は、「ご飯を食べない女房がいい」といいました。

それからしばらくして、ご飯を食べないから女房にしてほしいという女がやって来て、男は喜んで結婚しました。なるほど女房はご飯を食べません。ところが、どうも米も味噌もすぐになくなります。ある日、男が町にでかけるふりをしてかくれていると、女房が、大きな釜でご飯をたき、大きな鍋で味噌汁を作って、結っていた髪の毛をほどき始めました。すると頭のてっぺんには大きな口があって、その口でご飯と味噌汁を全部食べてしまいました。女房は山姥だったのです。

男は次の日の朝、女房に別れるといい渡しました。それならば何かくださいというので、桶をやると、山姥は男をそのなかに入れて山を登っていってしまいました。途中で、男はやっとのことで逃げだし、ヨモギとショウブのはえた草むらにかくれました。山姥はこれらの草を嫌って山へ引き返し、ようやく助かったということです。五月の節供にヨモギとショウブの葉を用いるようになったのも、こうした話からきているといいます。

山姥　『木曾街道六十九次之内　松井田』歌川国芳画。（東京都立中央図書館特別文庫室所蔵）

山童

祭っていれば助けてくれる山の神の子ども

山童　『画図百鬼夜行』鳥山石燕画。
（スミソニアン・ライブラリー所蔵）

山中の子ども姿の妖怪

一つ目で全身長い毛でおおわれた子どもの姿をしていて、人や獣を食べてしまう「山童」という妖怪がいます。九州の山のなかにすんでいて、童顔で足が長く、人間の言葉を話し、人に危害を加えない山童もいます。三重県で、「カシャンボ」、鹿児島県の奄美大島で「ヤマンボ」と呼ばれるものも、山童の仲間です。

山童は、ふだんから敬っていれば、必要なときに助けてくれますが、いったんおこらせると、いろいろないたずらをして人間を困らせます。

水のなかにすむ「河童」（七六ページ参照）が、冬になると山に入って、山童になるともいわれます。山口県ではこれを「タキワロウ」といい、山でこれに会った人は病気になるといわれています。河童が金物を嫌うように山童も金物を嫌うので、斧や鉈で山仕事をしていると、邪魔をしてくるといいます。

仕事を手伝う山童

山仕事をするときは、酒をもっていって頼むと、酒が好きな山童は、昼寝をしているうちに仕事を全部すませてくれるともいいます。鹿児島県では山童に仕事を頼むときには、仕事をすませてからご飯をやると約束しなければなりません。初めにご飯を食べさせると、仕事をしないで逃げてしまうというのです。

猟をするときや山に泊まるときは、まずそこに薪を立てて山童にことわらなければいけないといわれています。木の実をひろうときも、全部ひろってしまってはいけません。山童のために残しておかなければならないのです。また、山の稜線（尾根）は山童の通り道なので、そこに山小屋を建てたりしてはいけないといいます。

山童は山姥（四〇ページ参照）の子や、山の神（四九ページ参照）の子と考えられています。

岸涯小僧　『今昔百鬼拾遺』鳥山石燕画。山口県のタキワロウのことかもしれない。（スミソニアン・ライブラリー所蔵）

ひとつめこぞう・いっぽんだたら

一つ目小僧・一本ダタラ

一つ目一本足は神さまの尊さのシンボル

昔は神さまだった妖怪たち

「一つ目小僧」や「一本ダタラ」は、日本中のいろいろなところで知られている妖怪ですが、もとは片目や片足の神さまだったということです。

奈良県磯城郡の六県神社には杉の木が多いのですが、これは、神さまが松の木で目を突いたので、この松を掘り起こして杉に植え替えたためだという話が伝わっています。

長野県では、神さまが白馬に乗ってある村にさしかかったときに、馬の足にクズのつるがからみついて落馬し、ゴマの茎で目を突かれてしまったので、それ以後この村では、クズもゴマも栽培せず、白馬も飼わなくなったといわれています。

目を突いた植物としてはこのほかにも、クリのいが、松葉、茶の木、竹などさまざまなものが話に登場します。そして多くは、そのあとは、話に登場した植物を栽培することはなかったということです。

一つ目の神さまは、ほとんどの場合、足も一本です。高知県では片足の神さまを祭るところがありますが、この神には草履の片方だけを奉納するそうで

一つ目『夭怪着到牒』(部分)北尾政美画。
(東京都立中央図書館特別文庫室所蔵)

一本足　『百種怪談妖物双六』（部分）歌川芳員画。
（東京都立中央図書館特別文庫室所蔵）

す。また、島根県石見地方では、その年の幸せをもたらす神さまとされる歳徳神は、片足だといわれます。

一本足の神さまが祭られるわけ

秋になって田んぼに稲が実るころ、鳥や獣の害をさけるために立てるものに案山子があります。この案山子も、もとは一つ目で一本足だったのです。日本人は古くから、山の神が春になると里に下りて来て、田の神となって稲などがよく育つように見守り、秋になると、また山へ帰って行くのだと信じてきました。

長野県や新潟県には、稲刈りがすんだ十月十日に案山子を田んぼから庭まで運んできて祭りをする、「案山子上げ」という行事があります。案山子は山の神が田の神となった姿をあらわしていると考えていたため、秋の収穫を感謝し、こうした田の神を山へ送る行事をおこなったのです。

また、関東地方や東北地方では、冬至のころに、オダイシさまという一本足の神さまが訪ねてくると信じられています。この神さまは女の神さまで、おおぜいの子どもを連れているのですが、その子どもたちのために、人々は小豆がゆやだんごを作って祭るのです。

このような片目や片足の神さまを祭るのは、もともと祭りのときには、ある人を特別に選んで神さまの代わりとし、人々から祭りの礼を受けさせたことがあって、そのとき、ふつうの人と区別するために、わざわざ片目や片足の姿にさせる風習があったからだと柳田国男は考えました。

そのほかにも、神さまがこの世に姿を見せるときに、人間とはっきり区別ができるように、一つ目や一本足の姿であらわれるのだともいわれています。

神さまはなぜ妖怪になったのか

源義家の家来・鎌倉権五郎景政を祭る社が、南は九州南部から、北は秋田県にいたるまで、たくさんあります。この人は、十一世紀末に、東北地方に勢力をもっていた清原氏とのあいだでくり広げられた「後三年の役」と呼ばれる戦いで、片目を矢で射られながらも敵を討ちとった武将として知られています。

この権五郎が全国で祭られているのは、権五郎という名前が御霊と似ているからだといわれています。御霊とは、人間にうらみをもつ死者の霊魂（怨霊）のことで、古代の人はこの怨霊が災いをもたらすと考え、これをなだめるために祭りました。御霊を権五郎として祭ったのです。権五郎が片目だったことと、彼の武勇のいい伝えもあって人々の信仰を集めたのです。

しかし、御霊は疫病神などの姿であらわれる人間の災いのもとと考えられていたので、しだいに一つ目の神も一つ目小僧として妖怪とされるようになったのです。

奈良県に伯母峰という峠があります。

昔、このあたりに武士が住んでいて、毎日犬を連れて狩りをしていました。ある日、伯母峰の奥深くに分け入ると、犬がけたたましくほえ立てて、谷間の熊笹がひどく波打つように見えました。ところが、それは背中に熊笹がはえた大きな猪でした。武士はすかさず鉄砲をうち、弾はみごとに当たり、猪を倒

『暫　鎌倉権五郎景政』歌川豊国画。（ライデン国立民族学博物館所蔵）

しました。

それから何日かたって、伯母峰から少し離れた湯ノ峰温泉に、足にけがをした一人の武士がやって来て、宿の者に「静かな離れの座敷を貸してほしい。寝ているあいだはだれも部屋に来てはいけない」といい含めました。ところが、ぬいだ履物がふつうのものとは違っていたので、宿の主人はふしぎに思い、夜中にこっそりのぞいてみました。すると、背中に熊笹がはえた大猪が、座敷いっぱいに寝ていたのでした。主人に見られてしまった猪は自分が鉄砲にうたれた猪の亡霊であると明かし、そののち、一本足の妖怪となり、旅人をおそうようになります。

ところが、のちに、ある僧が地蔵を祭って、妖怪を鎮めてくれるように願ったところ、それからは出てこなくなったそうです。しかし、妖怪と毎年十二月二十日だけは出てきてよいという約束をしたので、今でも十二月二十日は「果ての二十日」といって、伯母峰の厄日とされています。

関東地方では、一つ目の妖怪が、旧暦十二月と二月のそれぞれ八日の「事の日」にあらわれるといわれています。この日には、籠を竿の先につけて出しておきます。籠には目がたくさんあるために、一つ目の妖怪はかなわないと思って逃げていってしまうからです。

目ひとつぼう　『百怪図巻』佐脇嵩之画。（福岡市博物館所蔵）

ひだるがみ

ヒダルガミ

山道で待ちかまえている腹をすかせた亡者

飢え苦しむ亡者

山道を歩いていると、急に空腹になり歩けなくなることがあります。これは、「ヒダルガミ」、「ダル」という餓鬼が人につくからだといいます。餓鬼は、生きているあいだに悪いことをした報いで、死後地獄に落ちていつも飢えに苦しむ亡者のことだといわれます。

滋賀県と三重県の県境にある御斎峠のヒダルガミは、朝まだ夜の明けないうちに出るといわれています。旅人の前にその腹をつきつけて、「おまえは茶漬けを食べたか」と聞きます。「食べた」と答えるとおそってきて、旅人の腹をさき、胃のなかの飯粒を食べるのだそうです。

ヒダルガミは和歌山県の熊野地方にも話が伝えられています。和歌山県出身の博物学者、南方熊楠（一八六七〜一九四一）も、熊野街道でとりつかれたと述べています。

ヒダルガミの出る場所

ヒダルガミは塞の神（村境などに祭る悪霊が入るのを防ぐ神）の前や飢え死にした人が出たところによく出るといいます。愛知県には峠に飢え死にした人を祭る祠があって、それを「ダリボトケ」、「ダリガミ」と呼び、ここもよくヒダルガミが出るそうです。高知県、長崎県、鹿児島県などでは、峠や道ばたに「柴折様」という祠が祭ってあります。ここを通る人は柴を折って供えていくとヒダルガミがつかないそうです。

山のなかで一歩も歩けなくなったときは、弁当箱に残っている米粒を一粒でも食べると助かるといわれます。食べもののないときは、手のひらに「米」という字を書いてなめるだけでもよいのだそうです。そして、旅をするときや山や野で仕事をするときは、ヒダルガミのために箸を一人前よぶんにもって行ったり、弁当はかならず少し残しておくようにといい伝えられています。

さとり

覚

人の心を読みとる大猿に似た怪物

人の心のなかを見抜く

山のなか、特に北国の山のなかには、大型の猿に似た全身が長い毛におおわれた妖怪がいて、人が心に思うことは、どんなことでもすべて読みとってしまうといいます。人の心の内をさとる力があることから「覚」と呼ばれ、富士山麓では「思い」と呼ばれます。

覚と木こり

昔、富士山北側の山梨県大和田山で、一人の木こりが木を切っていました。突然、猿に似た怪物がヌーッとあらわれました。木こりはおどろいて、わー、怖いと思いました。すると、怪物はゲラゲラ笑って、「今おまえは、怖いと思ったな」といいます。これはぐずぐずしていると取って食われてしまうぞと、青くなっていると、怪物は「ぐずぐずしていると取って食われてしまうぞと思ったな」といいます。今度は、なんとか逃げられるだけ逃げようと思いました。怪物は「なんとか逃げられるだけ逃げようと思ったな」といいます。こうなってはもうどうしようもないので、なるようになれとあきらめました。すると怪物が「もうどうしようもないので、なるようになれとあきらめたな」といいます。木こりはいよいよあきらめて、木を割る仕事を続けました。

ところが、木の大きな節に斧が当たると、急にそれがくだけ飛んで怪物の目に当たり、怪物の目はつぶれてしまいました。これは、木こりも怪物もまったく思いもよらないことでした。怪物は「思うことより思わないことのほうが恐ろしい」といって逃げていったといいます。

覚『今昔画図続百鬼』鳥山石燕画。（スミソニアン・ライブラリー所蔵）

鵺

真夜中に出るつかみどころのない妖怪

「鵺」という妖怪は、頭は猿、胴は狸、尻尾は蛇、手足は虎、声は虎鶫に似ているといわれている正体不明の妖怪で、深い山にすんでいます。今でもつかみどころがなくて、正体のはっきりしない人のことを、「あの人は、鵺のようだ」と表現します。

鵺は『古事記』や『万葉集』にも出てくる、古くから日本人によく知られている妖怪で、鵺の鳴き声は人の体を離れた霊魂を呼びもどすとして恐れられました。

歴史上もっとも有名なものは、十二世紀の源三位頼政の鵺退治の話です。

ときの近衛天皇は、毎晩のように正体のわからないものにうなされました。徳の高い僧が招かれて経をとなえましたが、いっこうに効き目はありません。天皇がうなされるのは決まって真夜中で、東三条の森のほうから黒雲がたなびいてきて御殿をおおうときです。昔にもそのようなことがあって、源義家がその黒雲を追い払ったことがあったため、同じ血を引く源頼政が退治を命じられたのでした。

頼政が待ちかまえていると、いつもと同じように黒雲があらわれ、そのなかに、何か怪しい姿が見えます。黒雲に向かって頼政が矢を射ると、その怪しいものが落ちてきて、とり押さえてみるとそれは鵺だったということです。

この話は『平家物語』に書かれています。

『木曾街道六十九次之内　京都　鵺』歌川国芳画。
（東京都立中央図書館特別文庫室所蔵）

『源頼政鵺退治之図　丁七唱』歌川芳員画。（早稲田大学演劇博物館所蔵）

源頼政鵺退治之圖
丁七唱

おおむかで

大百足

体が鉄でおおわれた巨大な虫

百足は多くの足をもち、毒液を出す気味の悪い虫です。しかもそれが人間より大きくなって、妖怪となった「大百足」ならどんなに恐ろしいことでしょう。

俵藤太秀郷の大百足退治の話は有名です。この秀郷は、平安時代中期に平将門の乱を平定した藤原秀郷のことです。ある日、秀郷のところに滋賀県の琵琶湖にすむ竜神が美しい女の人に姿を変えてあらわれ、竜を苦しめている三上山の大百足を退治してほしいと頼みました。

三上山にやって来た秀郷が大百足に向かって矢を射ると、大百足の体は鉄でおおわれているため、矢はみんなはね返されてしまいます。考えたすえ、弓矢の守護神である八幡大菩薩を念じながらふたたび矢を射ると、大百足の顔の真ん中に当たってようやく大百足を討ちとることができました。竜神は、そのお礼に秀郷を竜宮に招待し、いろいろな贈り物をしました。そのなかに、とり出してもとり出しても、なかの米がなくならない米俵があって、それからは俵藤太と呼ばれるようになったといわれます。

ところで、大百足の体が鉄でおおわれていたというのは、次のようなわけがあります。この地方では、古くから山の民によって、鉄鉱石が採掘されてきました。大百足は、この山の民が信じる山の神さまが妖怪となったものなのです。大百足の体が鉄でおおわれていたというのもうなずけます。

大百足　『田原藤太秀郷』。(国際日本文化研究センター所蔵)

狒々

猿に似た姿で、動物を取って食う

動物の狒々は、大型の猿で主にアフリカにいます。日本の「狒々」は山のなかにすんでいて、動物を取って食う大きな猿のような姿をした妖怪です。猿が千年生きると、狒々になるともいわれています。

ふだんは山にすんでいますが、ときには人里にあらわれて、人をだまします。見かけより体が軽く、簡単に猪や狼をつかまえて食べてしまいます。狒々の上唇はたいへん大きく、笑うと目がかくれてしまうほどだといいます。ですから、狒々をつかまえようと

『岩見重太郎狒々退治之図』歌川豊国画（舞鶴市糸井文庫所蔵）

赤坂
専錦

『岩見重太郎狒々退治之図』歌川豊国画。（舞鶴市糸井文庫所蔵）

するときは、笑わせておいて、唇の上から額を錐で刺してしまえばよいのだそうです。

狒々は獣だとされていますが、実は山にすんでいる人間の姿をした妖怪、つまり山姥や山爺、山童と同じではないかという説もあります。

安土桃山時代に活躍したという伝説的な武芸者、岩見重太郎は、狒々を退治した人として有名です。

比々　『今昔画図続百鬼』鳥山石燕画。（スミソニアン・ライブラリー所蔵）

貉（むじな）

狸に似て、二匹が示しあわせて化ける

「貉」は狢という字でもあらわされますが、狸や穴熊、鼬や貂と同じものだともいわれます。

新潟県の佐渡島に、「二つ岩の団三郎」と呼ばれる貉の大将がいて、人間をさらったり物を盗んだりして悪事をかさねていました。佐渡で金山が発見されると、金を掘って金をため、それを高い利息で人に貸しつけては、さらに大金持ちになりました。この話は、貉ではなく狸ではないかといういい伝えもあります。また、群馬県や埼玉県の山のなかには、地中に「貉の内裏」という大きな屋敷があると伝えられています。

炭焼き小屋に毎晩怪しい女があらわれて、あまりにいたずらをするので退治すると、その女は死んだ二匹の貉になったという話が茨城県にあります。

貉は二匹がいっしょになって化ける、とよくいわれます。「一つ穴（同じ穴）の貉」という言葉がありますが、これは示しあわせて悪事を働く仲間という意味で、ここから出たものです。

長野県のある家の土蔵のそばに、長い生け垣がありました。夕方ここを通りかかると、大入道の恐ろしい首が

貉　『今昔画図続百鬼』鳥山石燕画。
（スミソニアン・ライブラリー所蔵）

ぶら下がっています。ところが、次の日の朝にはかげも形もありません。こんなことが何度もくり返されて、この家に近づく人はいなくなりました。ある人が勇気をふるって近寄ってみると、大入道はますます大きく、空一面をおおうほどになっていましたが、やがて消えてしまいました。これも貉が化けたものだといわれています。

百々爺　『今昔画図続百鬼』鳥山石燕画。
（スミソニアン・ライブラリー所蔵）

ももんが・ももんじい

モモンガ・モモンジイ

毛むくじゃらで木から木へと飛びまわる

動物のモモンガはリス科の哺乳類で、森にすみ、夜間に活動し、木から木へ滑空します。妖怪の「モモンガ」のほうは毛むくじゃらの化け物で、「ノブスマ」（一六六ページ参照）と同じように動物のムササビが妖怪になったものだといわれています。

「モモンジイ」はモモンガと「元興寺」（二〇四ページ参照）という妖怪がいっしょになったものと考えられています。風の強い夜、人の行き来も絶えたころに老人の姿であらわれ、出会った旅人はかならず病気になってしまうということです。

モモンガは、「モーンコ」、「モーモー」、「モウカ」、「アモコ」などとも呼ばれるもので、柳田国男によれば、人間をおそうわけのわからない化け物をあらわす幼児語（おさない子どもが使う言葉）の一つ、だそうです。

鼬

眉毛につばをつければだまされない

鼬の妖怪もよくあらわれます。神奈川県のいい伝えでは、鼬は後ろ足で立って人の顔をまじまじと見つめるのだそうです。鼬に見つめられると「眉を読まれる（表情から心の奥を推しはかられる）」ので、こういうときはすぐに眉につばをつけなくてはいけません。ここから、いかがわしいもののことを「眉つばもの」といいます。

群馬県では、鼬の化けた「オボ」というものが足にからまって歩けなくなることがあるといいます。このときは、着物の端やひもの一部を切ってやるとからみついてきません。山道を歩いていて、まわりから赤ん坊の泣き声が聞こえてきたときに恐ろしくなって逃げだすと、ますます大声で泣き叫ぶ「オボの泣き声」という妖怪が出ることもあるといわれます。

鼬『画図百鬼夜行』鳥山石燕画。
（東京藝術大学附属図書館所蔵）

山彦

呼びかければ叫び返す山の妖怪たち

山の上から、谷をへだてた向こうの山に向かって叫ぶと返ってくる声を、「山彦」または「木霊」（三七ページ参照）といいます。静岡県では、「山の小僧」、「山の婆」、「山のおんばあ」といわれます。山彦は山の男という意味で、どれも山にいる山姥、山男、天狗、天の邪鬼などの妖怪が叫び返すものだと考えたのです。鳥取県では「呼子」、「呼子鳥」といいます。またむずかしい漢字で、「谺」、「空谷響」、「幽谷響」とも書きます。

幽谷響『画図百鬼夜行』鳥山石燕画。（スミソニアン・ライブラリー所蔵）

猩々

海からもあらわれる酒好きな妖怪

猩々は顔は人間、体は獣という妖怪で、とても酒好きだといわれています。

ある猟師が谷をへだてた向かいの山に、身長二メートルぐらいで、裸で髪の毛の赤い獣が座っているのを発見しました。猟師は鉄砲に弾を込めてうちました。みごとに当たったはずなのに痛がりもせず、あたりの草をぬいては傷口に押し込んで、山を登っていったという話が山梨県に伝わっています。

岩手県には海からあらわれる猩々の話があります。ある人が猩々が見たくて、樽に酒を入れて浜の砂のなかに埋めておいたところ、海から出てきた猩々がその酒を飲んでしまいます。酔っぱらって樽のなかに落ちた猩々を見ようとふたをずらしたとたん、猩々は飛び出して海に逃げていってしまったということです。

愛知県南部の秋祭りに出る、なかに人の入った作り物の猩々は、祭りの行列に加わり、また子どもたちを手で叩くなどして、厄除け・邪気払いをするという大きな役割を担っています。

猩々　『鳴海祭礼図』。(国立国会図書館所蔵)

こなきじじい・こひきじじい

コナキ爺・粉挽き爺

泣いているので抱き上げると離れない

「コナキ爺」は徳島県の山奥にいる妖怪で、老人の姿をしているのに、赤ん坊の泣き声をあげるのだそうです。よく、赤ん坊に化けて山のなかで泣いているのを見かけるともいわれています。見つけた人がかわいそうに思って抱き上げると、急に重くなって、引き離そうとしても離れなくなってしまい、最後には命を奪われてしまうという恐ろしい妖怪です。

別の村には、「ゴギャナキ」というものがいて、これはゴギャゴギャ泣いて山中をうろつく、一本足の妖怪だということです。これが泣くと地震があるともいいます。大人は、「泣きやまないと、ゴギャナキが来るぞ」といって子どもたちをおどしました。ゴギャナキは通りかかる人の足にしがみついて離れようとしませんが、そういうときは、草履をぬぎすてると行ってしまうということです。

また四国には、「粉挽き爺」といって、山中で粉をひく音を出す妖怪もいるといいます。

また、別の村には、「オギャアナキ」といって、姿は見えませんが、夜中に赤ん坊の泣き声をたてる妖怪がいます。このオギャアナキは、おんぶしてほしいといってまとわりつくこともあるので、おぶいひもが短いからといってことわれるように、いつも片方は短くしておくものだといい伝えられています。

蛇

執念深い妖怪に変身する水の神・山の神

『八頭ノ大蛇』小林永濯画。(早稲田大学図書館所蔵)

神話に出てくる八岐大蛇

蛇は、昔から、山の神や水の神としてあがめられてきました。神さまである蛇が美しい青年となって人間の女性と結婚したという「蛇聟入り」や、美女に姿を変えて子どもを産むという「蛇女房」の話も多くの地方に伝わっています。また、池や沼の主が大蛇であると信じて、日照りのときに水乞いをする行事が各地でおこなわれています。

古代の神話に出てくる妖怪のうち、もっともよく知られているのは「八岐大蛇」でしょう。八岐大蛇は、頭と尾が八つずつある巨大な蛇です。

アマテラスオオミカミの弟

のスサノオノミコトは、とても乱暴者だったので、神さまたちが住んでいた高天原から追い払われてしまいました。地上に下りたスサノオノミコトが、現在の島根県にさしかかったところ、一軒の家で年とった夫婦と娘が泣いています。わけを聞いてみると、八岐大蛇が毎年この家の七人の娘たちを次々にいけにえとして出させ、とうとう今年は最後に残った八人めの娘のクシナダヒメの番だというのです。

スサノオノミコトは、酒をなみなみとついだ八つの甕を老夫婦に用意させ、大蛇に飲ませました。八つの頭をもった大蛇は八つの甕からそれぞれ酒を飲みほし、すっかり酔っぱらってしまいました。そのすきを見て、スサノオノミコトは八岐大蛇を退治したのです。

安珍と清姫の物語

蛇の執念深さをあらわすものとして、和歌山県の道成寺に古くから伝わる、安珍と清姫の物語が有名です。熊野に参る途中、和歌山県を通りかかった修行中の若い僧の安珍は、清姫に一目ぼれされてしまいました。清姫につきまとわれた安珍は、しかたなく熊野からの帰りにはかならず結婚すると約束しましたが、その約束を破って逃げてしまいました。おこった清姫は、蛇になって日高川を泳ぎ下り、逃げる安珍を追って来ます。安珍は道成寺の釣鐘のなかにかくれましたが、蛇はその鐘を七重にとり巻いて火を吹きかけ、なかの安珍を焼き殺したということです。執念深いこの蛇は、実は清姫に身を変えた水の神だったといいます。

『破奇術頼光袴垂為搦』歌川芳艶画。
（ライデン国立民族学博物館所蔵）

『和漢百物語　清姫』月岡芳年画。
（国立国会図書館所蔵）

『道成寺絵巻』。蛇に姿を変えた清姫が安珍のかくれた釣鐘をとり巻く。（国立国会図書館所蔵）

狼

老婆に化けて旅人をおそう

『月百姿　北山月　豊原統秋』月岡芳年画。室町時代の音楽家、豊原統秋は襲ってきた狼に笙を聞かせ、難を逃れたという。（国立国会図書館所蔵）

送り狼と鍛冶が婆

現在では、送り狼というと、「女の人を親切そうに送って行って、途中ですきをみては乱暴する男」のことをいっています。ところが、昔は本当に「送り狼」と呼ばれる狼がいたといわれます。送り狼は山道を行く人のあとをつけてきて、その人がつまずいてころんだところを食べてしまいます。狼は地方によっては犬とも呼ばれていて、兵庫県では「送り犬」といいます。

送り狼は人間を食べたくてついてくるわけですが、その人がころばずに無事に家まで帰りつくと、その家では食べられなかったお礼にと、送り狼に草履をやったり、塩をなめさせたりしたといいます。

現在の高知県を舞台に次のような話が伝えられています。身ごもっている女の人が夕暮れに峠にさしかかったところ、急におなかが痛くなってきました。そこは夜になると狼の群れがあらわれるところなので、通りかかった旅人が女の人を杉の木の上に運び上げてくれました。

やがて心配したとおり、闇のなかに目が光り、恐ろしいほえ声も聞こえるようになり、杉の木はすっかり狼にとりかこまれてしまいました。狼は二人を食べようとして飛び上がりますが、とどきません。一頭の上に別の狼が乗り、さらにその上にと梯子のようにだんだん高くなっておそってきたので、旅人は刀で次々に切り殺しました。すると、狼のなかから、「佐喜浜の鍛冶が婆を呼んでこよう」という声が聞こえました。

やがて、頭に鉄の鍋をかぶった白い大きな狼がやって来ました。狼たちはふたたび梯子のようになっておそってきました。旅人が力いっぱい頭に切りつけると、鍋が割れて手ごたえがありました。すると、それを見たほかの狼たちは逃げていってしまいました。

次の日、旅人が血のあとをたどっていくと、鍛冶屋に行きつきました。たずねると、鍛冶屋は「家の婆ぁは頭にけがをして寝ている」と答えます。すぐに旅人は家に飛び込み、老婆を切りすてました。すると老婆は、たちまち白い大狼の姿になって死んでしまったということです。

妖怪ヨウユウ

「ヨウユウ」と呼ばれる、同じような妖怪が富山県にいたとされます。ある山伏が、呉羽山の山中で狼たちにつきまとわれました。山伏が木に登ると狼たちがかさなりあい、その上に老婆がまたがって、山伏を引きずり下ろそうとします。山伏が刀で老婆の手を切り落とすと、狼たちは逃げていってしまいました。次の日の朝、山伏がヨウユウと呼ばれている家に行くと、老婆がけがをして泣いていましたが、山伏の姿を見るなり逃げだしたといいます。

鍛冶が嬶　『絵本百物語』竹原春泉画。（湯本豪一記念日本妖怪博物館〈三次もののけミュージアム〉所蔵）

手長足長

山から長い手足をのばして悪さをする

「手長足長」は、手や足が長い妖怪です。秋田県と山形県の県境にある鳥海山にすんでいる手長足長は、山の上から長い手足をのばしては日本海を通る船やふもとの村をおそいましたが、鳥海山の神さまである大物忌神に退治されたといわれます。

また、福島県の磐梯山にすんでいた手長足長が退治された話もあります。この手長足長も、長い手足をのばして猪苗代湖の水を会津の村に振りまいて洪水を起こしたり、村人の作った農作物を奪ったり、悪いことばかりしていました。いったん手長足長が叫ぶと雷鳴のようにとどろき、にらむと稲妻が光るというありさまで、村人は困りはてていました。

そこへある日、よごれた衣をまとった僧がやって来て、村人が困っているのを知ると、「それでは、私が化け物を退治してあげよう」といいます。僧は磐梯山の頂上に登って、「やーい、手長足長、おまえはいばっているが、できないことがあるだろう」と叫びました。すると化け物は耳が割れるような大声で、「何をこしゃくな乞食坊主、おれ様にできないことなどない！」とどなり返してきました。僧の「おまえはそんなに大きいのだから、小さくなんかはなれないだろう」という言葉が終わるか終わらないうちに、化け物は見る見るうちに小さくなって、僧が「ゴマになれ」と念じると、仏の力でゴマ粒のようになってしまいました。僧はすかさずそのゴマ粒を箱のなかに入れてしまい、それから手長足長はとじ込められたまま、二度と出てこなかったということです。

『足長手長生人形　浅草奥山』歌川国芳画。
（国立国会図書館所蔵）

2 水の妖怪

人間は川や海で泳いだり、船をあやつったりすることはできますが、水のなかには住めません。水のなかは人間が知ることができない世界です。そこには、ふしぎな恐ろしい妖怪がいると考えました。川には「河童」がいて、人間にいたずらをします。海には、「海坊主」や「舟幽霊」がいて、人間の乗った船を遭難させようとします。しかし、それらの妖怪も、人間が親しみをもって対応すれば、いっしょに遊んだり助けてくれることもあるのです。

妖怪と幽霊はどう違うのだろう

岩井宏實

妖怪と幽霊は、両方とも私たちを怖がらせるものとして、同じものと考えられることがよくありますが、実はまったく別のものなのです。

幽霊は、死んだ人の霊です。死んだあとに供養してくれる人がなくてさびしく悲しい気持ちになっている霊や、この世にうらみが残っている霊が幽霊となってこの世にあらわれるのです。ですから、幽霊は、その霊に関係のある場所や、たとえ遠く離れた場所であろうと、うらみのある人のところにあらわれます。

このような幽霊の姿は、『源氏物語』、『今昔物語』、『日本霊異記』などの書物、江戸時代以降「東海道四谷怪談」、「怪談牡丹灯籠」などの歌舞伎や幽霊話に描かれてきました。ここに描かれているのは、多くの場合、うらみのある人に対して復しゅうをしたり、たたったりする幽霊です。

しかし、それ以外にも、死んだ人の霊が、忘れられていく自分を思い出してもらいたくて、ゆかりのある人のところにあらわれる、心のやさしい幽霊もいます。

幽霊が死霊であったのに対して、妖怪は本来神だったのです。それも、多くは人間に祭られなくなった落ちぶれた神です。

妖怪は、それぞれ山、里、海、川などとあらわれる場所がだいたい決まっています。日本人は、自分たちの住んでいる世界と、もう一つ別の神や妖怪のすむ他界があると信じてきました。妖怪は人間が他界と接触する場所にあらわれるのです。

幽霊が特定の人をめざして出てくるのに対して、妖怪は、妖怪のすむ領域に侵入したり、妖怪をおこらせた人の前にあらわれるのです。

幽霊の多くが人間の姿であらわれるのに対して、妖怪は、「鬼」や「天狗」、「山姥」のように恐ろしい姿、「一つ目」や「一本ダタラ」のように一部が変わった姿が多いのです。これは、神が人間の世界にあらわれるときに、人間と区別するためだといわれています。そのほか、道具や器物だったり、動物であったり樹木であったりと、いろいろな姿であらわれます。

　そして、幽霊があらわれるのが「生暖かい風の吹く草木も眠る丑三つ時」というように、夏の真夜中であるのに対して、妖怪があらわれるのは、なんとなくさびしげな秋や冬の夕暮れどきや明け方などが多いのです。

『浅倉当吾亡霊之図』歌川国芳画。（国立国会図書館所蔵）

河童（かっぱ）

川（かわ）や沼（ぬま）にあらわれるなじみの深（ふか）い妖怪（ようかい）

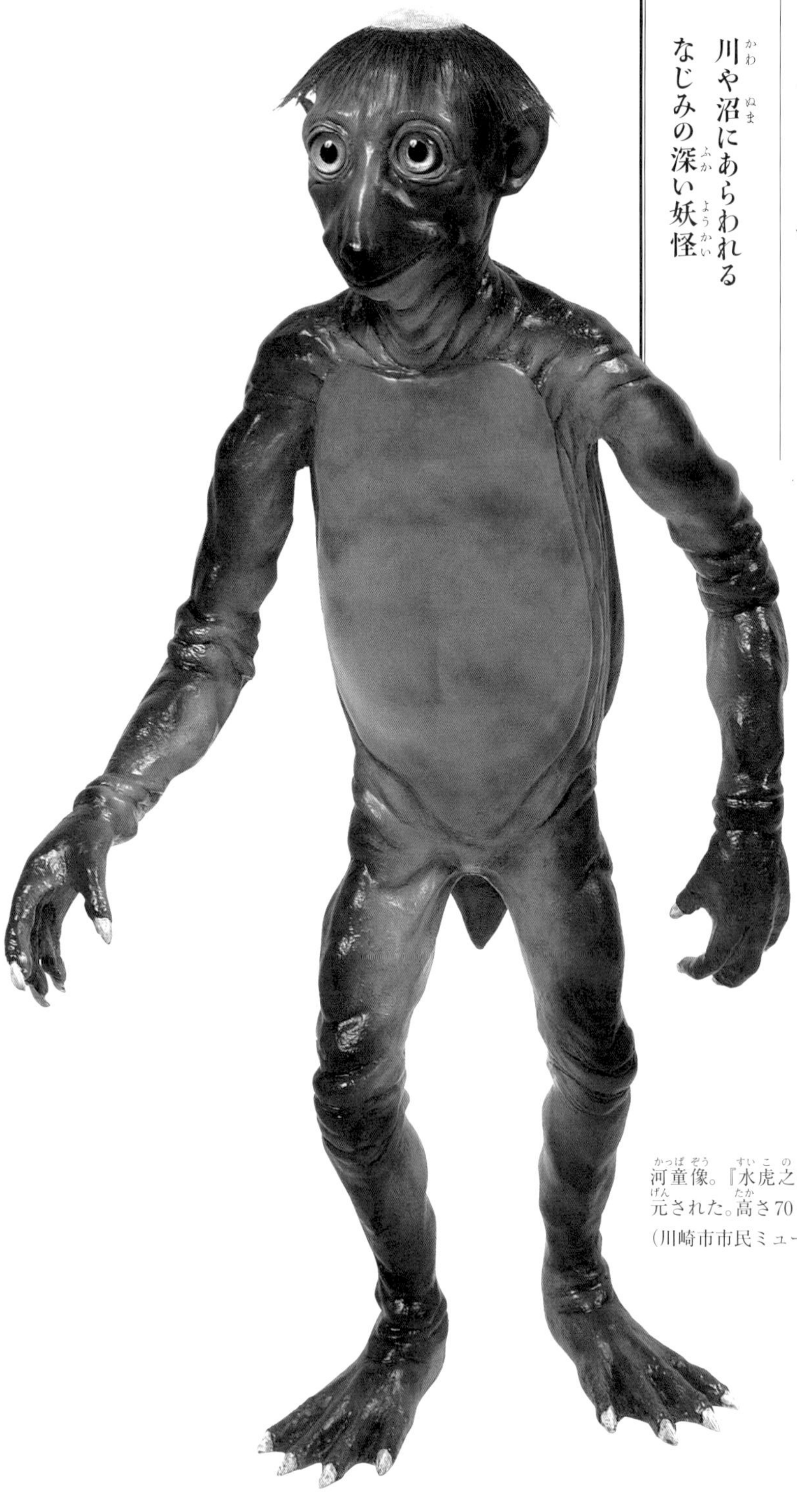

河童像（かっぱぞう）。『水虎之図（すいこのず）』をもとに復元（ふくげん）された。高（たか）さ70センチメートル。
（川崎市市民ミュージアム所蔵）

妖怪のなかの大スター

河童は、イラストに描かれたり置物やマスコットになったりと、日本の妖怪のなかではいちばんの人気キャラクターです。河童は地方により、さまざまな呼び名がつけられています。「カッパ」という呼び方は、関東地方を中心に、東北地方や甲信越・東海地方にひろがっています。このほか北陸地方では「ガメ」、近畿地方では「ガタロウ・カワタロウ（川太郎）」、四国・中国地方では「エンコ」、九州地方では「ガッパ」などの言葉が分布しています。

その姿もまたさまざまに伝えられていますが、子どもの姿というものが多く、おかっぱ頭のてっぺんの皿には水が入っています。また、甲羅があったり、手に水掻きがあったりします。亀やスッポン、獺などの動物のようだという地方もあります。

河童は泳ぎがじょうずなので、水泳の得意な人を「カッパ」と呼びます。その河童に泳ぎを教える必要はないので、よく知っている人にさらに教えようとすることを「河童に水練」といいます。しかし、どんなに水泳の得意な河童でもときには押し流されることがあるので、達人でも失敗することを「河童の川流れ」と表現します。

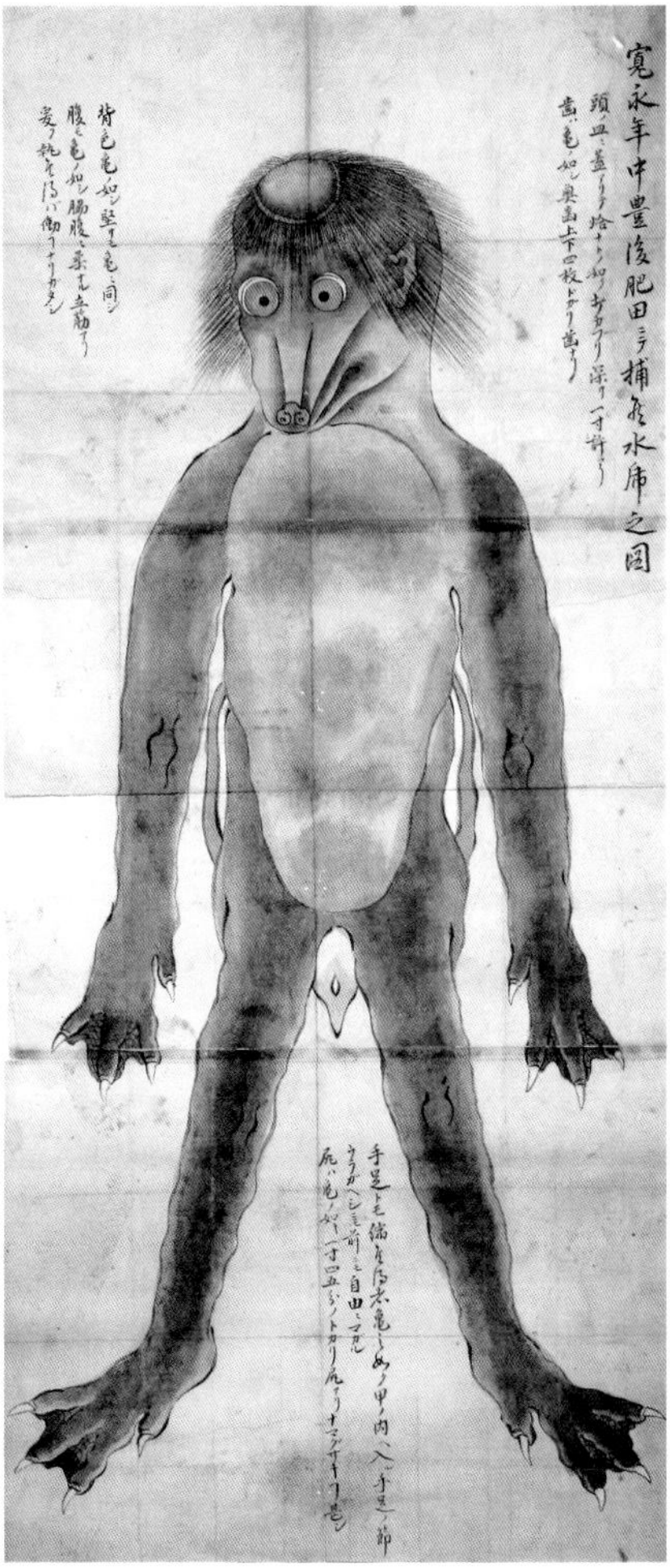

『水虎之図』。江戸時代の初めに現在の大分県で捕獲された河童の図。頭の皿には蓋があり、深さ3センチメートル。背中も腹も亀のようで、手足は甲羅のなかに入るという。（川崎市市民ミュージアム所蔵）

河童を見たことがあるという人はおおぜいいて、江戸時代ごろから多くの絵が描かれてきました。

本にもしばしば登場し、柳田国男（一一九ページ参照）が岩手県遠野市の伝承を聞き書きした『遠野物語』には、木のあいだから真っ赤な顔をした男の子がのぞいていたり、川原の砂の上に河童の足あとが見られたと書かれています。

大正時代を代表する小説家・芥川龍之介（一八九二〜一九二七）は、河童の国をおとずれた青年を主人公に、名作『河童』を書いています。

馬を水に引きずり込む河童

河童は馬が大好きだといわれています。昔、岩手県遠野の姥子淵に、新屋という家の子どもが馬の体を冷やしにやって来ました。子どもが遊びに行ったすきに河童が出てきて、馬を水中に引き込もうとしました。しかし、馬の力が強かったので、河童はうまやまで引きずられてしまいました。

河童は、飼葉桶の下にかくれましたが、家の人は桶が伏せてあるのでふしぎに思い、少し開けてみると、河童の手がのぞいています。こうして河童は反対につかまってしまいましたが、もうけっしていたずらはしないと約束して放されたというのです。

河童『画図百鬼夜行』鳥山石燕画。（スミソニアン・ライブラリー所蔵）

尻子玉を抜こうとする河童　『夭怪着到牒』（部分）北尾政美画。（東京都立中央図書館特別文庫室所蔵）

河童の詫証文

福井県には、口約束だけでなく紙に書いた証文を残していったという話が伝えられています。

ある人が夕方に牛を海辺に連れていって水浴びをさせようとしましたが、その日にかぎって水に入ろうとしません。よく見ると、五、六歳ぐらいの子どもが牛の足を引っ張っているのでした。そこで、その子をつかまえて、しばりあげました。その子どもは河童です。「祇園祭りのうちに人間や家畜の尻子玉を祇園様に供えなければならないのです。まだ一つもとれないので、しかたなくこの牛のものをとろうとしたのです」と白状しました。

その人は初めは殺してしまおうと思ったのですが、河童が一生懸命にあやまるので、これからはけっして悪いことはしないという約束の証文（「河童の詫証文」という）をとどけるようにいって、放してやりました。次の朝とどいた証文は水面にうつせば読めたそうです。このような話は全国各地にありますが、その証文が今でも残っているという家もあります。

尻子玉は、肛門のあたりにあるとされ、水中でこれをぬかれると、人や動物はおぼれ死ぬといわれています。そのため、祇園祭りの前には、川で泳いだり水遊びをしてはいけないといい伝えられているのです。

相撲好きの河童

河童は、相撲が大好きです。福岡県で、昔、ある若者が川堤を通りかかったとき、河童が出てきて「相撲をとって勝たなければ、ここを通してやらない」といいます。この若者は村でいちばん相撲が強かったので、エイヤッと河童を投げ飛ばしてしまいました。しかし次から次へと河童があらわれるのでだんだん疲れてきました。そこで、河童を追い払うまじないを思いだし、手につばをつけて向かっていくと、たちまち河童たちは逃げていってしまいました。河童は人間のつばが嫌いだといわれています。

相撲で河童に勝つ方法はほかにもあります。それは河童が相撲で挑戦してきたときにはお辞儀をしたり、逆立ちをしてみせるという方法です。河童は頭の皿に水があるときにだけ力が発揮できるので、人間のまねをしてお辞儀や逆立ちをすると、皿の水がこぼれて力をなくすからだというのです。

『和漢百物語　白藤源太』月岡芳年画。
（国立国会図書館所蔵）

『江戸名所道戯尽　二　両国の夕立』歌川広景画。（東京都立中央図書館特別文庫室所蔵）

よくきく河童の秘薬

茨城県には、次の話があります。昔、ある人が牛久沼の岸辺を歩いていて河童の指が落ちているのを見つけ、家にもって帰りました。するとその夜、

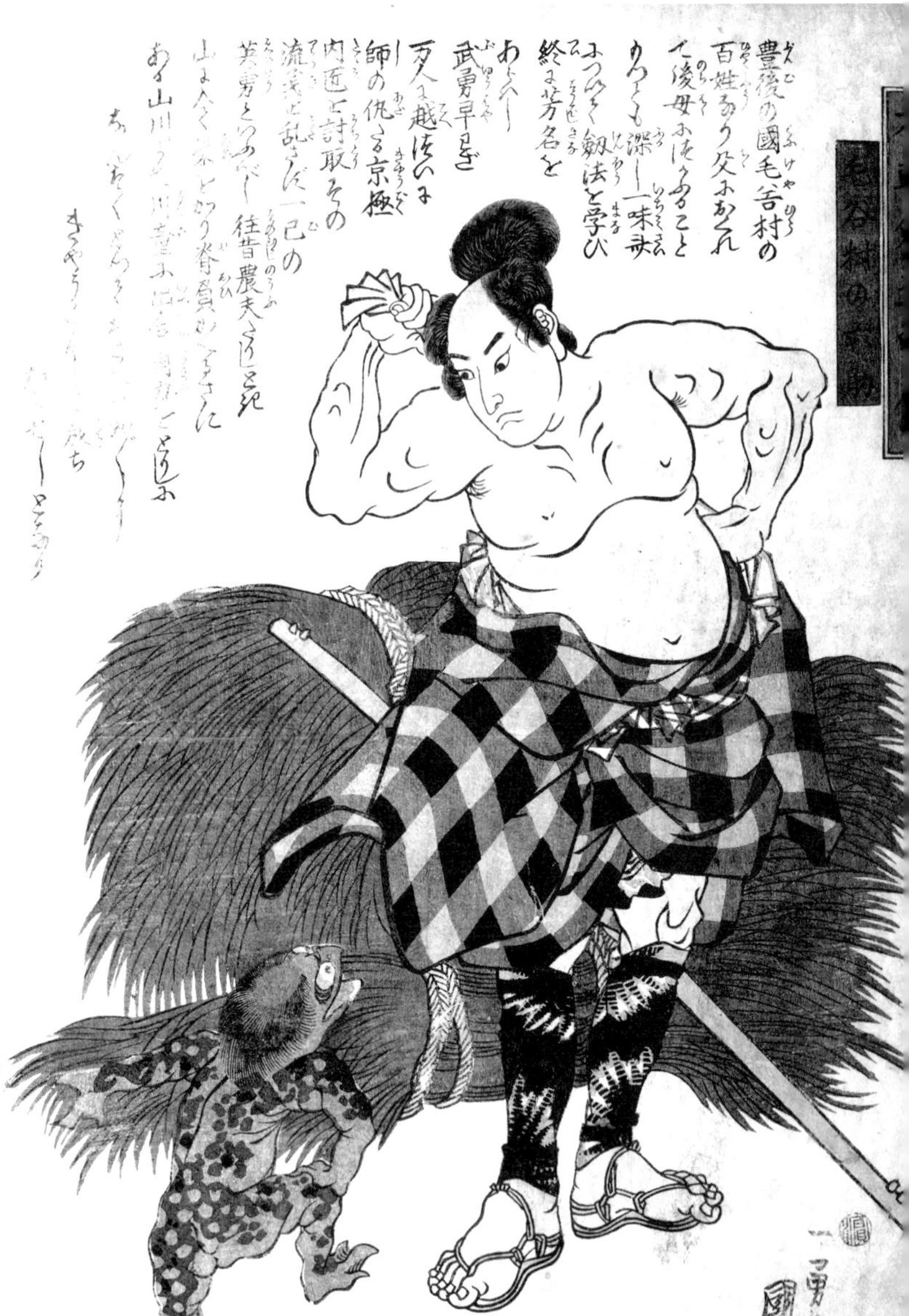

『毛谷村の六助』歌川国芳画。（国際日本文化研究センター所蔵）

水虎『今昔画図続百鬼』鳥山石燕画。（スミソニアン・ライブラリー所蔵）

指をなくした河童が夢のなかにあらわれて「指を返してください」と頼みますが、その人は聞き流しました。河童は、「よくきく薬の作り方を教えるので、それと引きかえに返してください」とさらに頼みます。そこで指を返してやると、よくきく傷薬の作り方を教えてくれました。この薬は「岩瀬万応膏」という名で長いあいだ使われました。

また、河童は女の人の尻をなでるのが好きだといわれます。福岡県の博多に鷹取運松庵という人がいて、その妻はたいへんな美人でした。ある日、妻が便所に行くと、下から手が出てきて尻をなでます。また次の日も出てきました。そこで出てきた腕を短刀で切り落とすと、それは水掻きのついた河童の腕でした。それから毎晩、河童が手を返してくれと頼みに来るので、結局返してやると、代わりに骨つぎの方法を教えてくれました。接骨院を開いた運松庵先生は名医だと評判になり、大繁盛したというのです。

水の神さまだった河童

河童は、人や動物を水中に引き込む妖怪ですが、もとは水の神だったのです。

富山県では河童を「ミズチ」、青森県では「メドチ」、岩手県では「メットゥチ」、新潟県では「シイジン」、鹿児島県では「スジンドン」などと呼びます。ミズチは水の精霊をあらわす古い言葉で、メドチなどもミズチから出たものです。シイジンは水神のことです。このことから、河童がもとは水の神だと考えられていたことがわかります。

河童は人間の形をとるときは、頭に皿を載せた子どもの姿をし、動物の形をとるときは甲羅を背負っています。人間の形のとき、子どもの姿をしていることは、共通しています。日本では、神がこの世にあらわれるときには子どもの姿であらわれると信じられてきました。水の神が子どもの姿をした河童としてあらわれるということは、つじつまのあっていることなのです。

また、日本では山の神が春になると里に下りてきて、田の神・水の神になるとされてきました。九州の山間の地方では、河童は毎年春と秋に山と川を往復

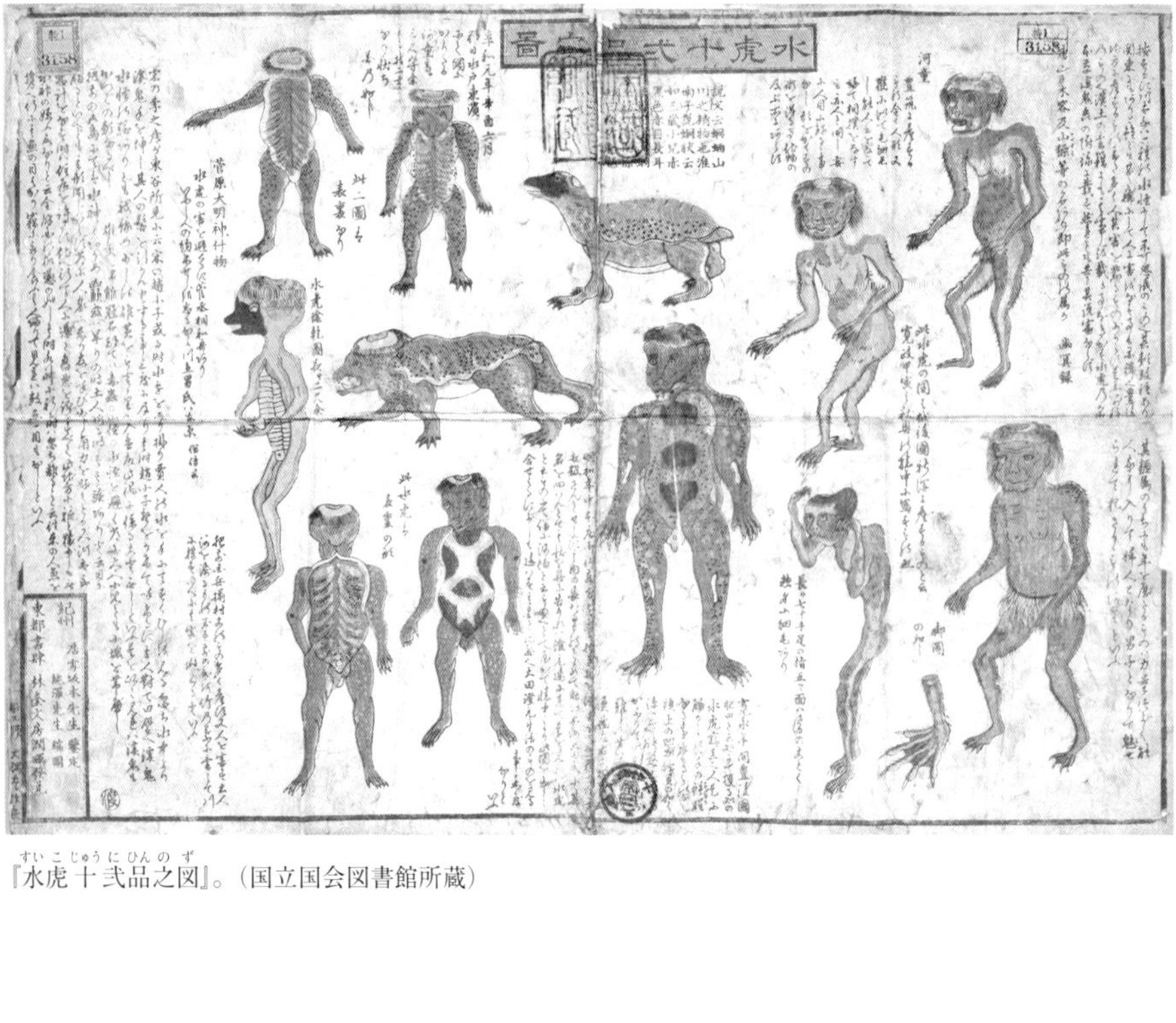

『水虎十弐品之図』。（国立国会図書館所蔵）

水虎様　青森県で、河童をおさえる神さまとして信じられている。（国立民族学博物館所蔵）

し、「川に千年、山に千年」すむといわれていますが、山では「山童」、「セコ」などと呼び名が変わるといいます（四六ページ参照）。

夏になると「河童祭り」がおこなわれます。水の神である河童のために好物のキュウリを川に流し、水の事故がないように祈るのです。

では、どうして神さまだった河童が妖怪となったのでしょうか。昔は、洪水や日照りなど自然の災害は水の神をおこらせると起きると考えて、人々は水の神をあつく敬い、さまざまな祭りをおこなってきました。しかし、人間が、しだいに堤防を作ったり田に水を引いたりする技術を身につけて、自然を支配できるようになるとともに、水の神に対する感謝の気持ちや恐れ敬う気持ちが薄れて、神さまだった河童を妖怪とみるようになったのです。

蟇

岩かと間違えるほどの大きなヒキガエルの妖怪

法師に化ける蟇

昔、京都府の田舎に住む農夫が、ある日、背の高さが三メートルもある二人の法師につかまり、洞窟のなかにとじ込められてしまいましたが、農夫は二人が眠ったすきを見はからって、鋤で二人を打ち倒して家に逃げ帰りました。次の日、洞窟の入口には、三十センチもある蟇と亀が死んでいたという話が江戸時代の『狗張子』という本に載っています。

比叡山の大蟇

また、滋賀県の比叡山の主は蟇だというい伝えがあります。ある男の人が比叡山に登り、岩の上に寝ころんでたばこを吸っていました。すると、突然大地震が起こりました。おどろいて飛び起きてみると、岩だと思ったのは大きな蟇で、落ちたたばこの火が熱かったので動いたのでした。この男の人は、蟇のたたりで熱病にかかって死んでしまったというのです。

大蝦蟇　『北越奇談』葛飾北斎画。（国文学研究資料館所蔵）

大蝦蟇　『絵本百物語』竹原春泉画。
（湯本豪一記念日本妖怪博物館〈三次もののけミュージアム〉所蔵）

『児雷也豪傑譚語（じらいやごうけつものがたり）』歌川豊国（うたがわとよくに）画（が）。
（東京都立中央図書館特別文庫室所蔵）

『天竺徳兵万里船』歌川国貞画。
（東京都立中央図書館特別文庫室所蔵）

すっぽん

スッポン

食用の亀も執念深い妖怪に

スッポンの妖怪

亀の一種スッポンは、執念深く、食いつくと離れないといわれます。

スッポンの肉は精力がつくとか薬になるといわれ、現在も料理して食べさせる店があります。

江戸時代に、名古屋に住む男が、毎日のように仲間とスッポン料理を食べていました。ある日、この男が店に行くと、主人の顔は口先の突き出たスッポンに似て、足は長く幽霊のようになっていたのです。びっくりして家に逃げ帰りましたが、ふるえがとまらず、炬燵に入っても二、三日はブルブルふるえ続けていたということです。

池の主だったスッポン

また、次の話も伝わっています。岐阜県の大垣市の近くの村で、男が大きなスッポンをつかまえ、それを町へ売りに行く途中、池にさしかかりました。その池のなかから、「どこへ行く」と聞くものがあります。すると背中の籠から、「今日は大垣に行く」と答えます。

さらに、「いつ帰るか」、「あしたには帰る」と聞こえます。男はこのスッポンは池の主だったのかとおどろきましたが、何もいわずに魚屋に売ってしまいました。男が次にこの魚屋に行くと、主人が「あれは恐ろしいスッポンだった。絶対に破られないはずのじょうぶな網に入れておいたのに、朝には逃げられていた」というのでした。

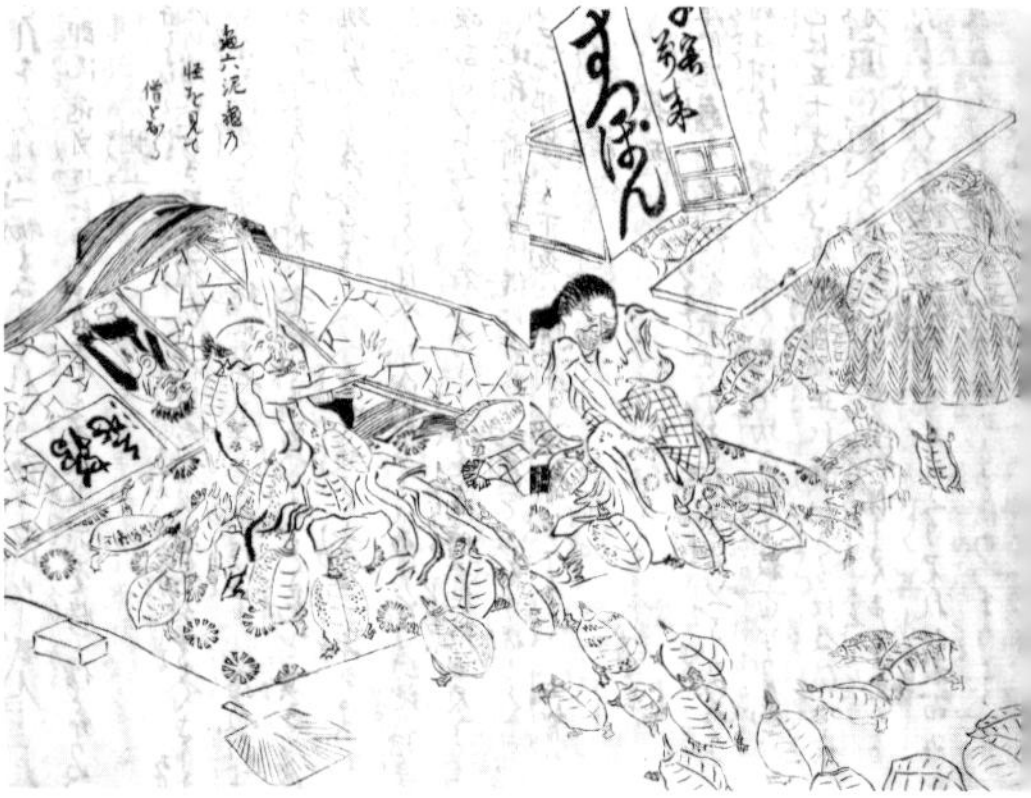

『北越奇談』葛飾北斎画。大繁盛していたスッポン屋の夫婦が無数のスッポンの霊に苦しめられる。（国文学研究資料館所蔵）

牛鬼・濡れ女

谷川の淵や海にいて、人をおそう

牛鬼　『画図百鬼夜行』鳥山石燕画。
（スミソニアン・ライブラリー所蔵）

顔は鬼、体は牛の姿

「牛鬼」は、顔は鬼で体は牛という姿で、人間や家畜を取って食うという恐ろしい妖怪です。

和歌山県に、牛鬼淵と呼ばれる淵があります。そこは谷川の水がよどんだところで、周囲は岩が高くそびえ、淵の底に海と通じている洞穴がありました。その淵の水がにごっているときに、牛鬼が出るといわれています。

牛鬼は人の影を食べ、影を食べられた人はかならず死ぬといわれます。また、人に出会うとじっと見つめて、最後には殺してしまいます。そのようなときは、「石は流れる、木の葉は沈む」などと、本当のこととは逆のことをいえば助かるといわれています。

徳島県の白木山にすんでいる牛鬼は、里へ出てきては人や家畜をつかまえて食べてしまうので、たいへん恐れられていました。平四郎という鉄砲の名手が牛鬼退治にでかけていき、とうとう打ち倒しました。牛鬼の血は数キロメートルも下流にある平四郎の屋敷のそばまで流れてきましたが、平四郎の武威によって川を逆流していったといいます。

また、高知県の牛鬼淵には、昔からたくさんの魚がいましたが、淵の主である牛鬼を恐れてだれもとろうとしませんでした。ところがある男が、毒を流して魚をとろうと考えました。男が寝ていると美しい女の人が夢に出てきて、そんなことはやめるようにといいます。それでも男はかまわずに毒を流して魚をとり、それを料理して酒盛りを始めました。すると突然雷鳴がとどろき、山がくずれてその男の家は埋まってしまったということです。

牛鬼と濡れ女

牛鬼がすんでいるのは、谷川の上流の淵です。淵は海とつながっていると考えられていたので、牛鬼は海にもあらわれます。海とか浜辺に出るときに

牛鬼　『化物尽絵巻』北斎季親画。（国立国際日本文化研究センター所蔵）

は頭は女の人、体は蛇の姿に化けることもあり、それは「濡れ女」、「磯女」と呼ばれる妖怪と同種のものであるとも考えられます。

昔、島根県で、染五郎という染物職人が、ある夜、海辺に釣りに行きました。魚がたくさん釣れたので帰ろうとすると、海から赤ん坊を抱いた女が出てきて、「この赤ん坊を抱いていてく

ぬれ女 『百怪図巻』佐脇嵩之画。(福岡市博物館所蔵)

ださい」と頼みます。染五郎が思わず赤ん坊を抱くと、女は海中に姿を消してしまいました。濡れ女だったのです。気がついた染五郎はあわてて赤ん坊を置いて逃げようとしましたが、今度は海中から牛鬼があらわれて追いかけてきます。近くの小屋に逃げ込むと、牛鬼はその小屋のまわりをまわりながら、「残念だ、残念だ」と叫んで立ち去りましたが、その声は女の声だったということです。

　北九州の海岸地方でも、濡れ女が海辺を通る人に赤ん坊をあずけて消えてしまい、そのあとに牛鬼が出てきておそいかかるという話はよく聞かれます。赤ん坊を置いて逃げようとしても、赤ん坊は重い石になって手にくっついて離れません。そうするうちに、牛鬼につかまって突き殺されてしまうというのです。

濡女『画図百鬼夜行』鳥山石燕画。
（スミソニアン・ライブラリー所蔵）

悪霊をはらう牛鬼

牛鬼の正体はツバキの古い根だという説もあります。日本ではツバキは神の霊が宿る木の一つとされ、神聖なものと考えられてきました。ということは、牛鬼ももとは神の化身だということになります。実際に、牛鬼が人間に危害を加えるだけでなく、悪霊をはらってくれるものとして敬う風習もあります。

　愛媛県御荘町で十一月三日におこなわれる「御荘祭り」の牛鬼もその一つです。大きな牛鬼の作り物を神輿の先駆けとして引きまわし、家々に頭を突っ込んで悪霊ばらいをするのです。ほかにも、愛媛県には牛鬼の作り物が出る祭りがたくさんあります。

人魚

顔は人間、体は魚の女の妖怪

世界中にある人魚の伝説

顔は人間、体は魚の姿という「人魚」の伝説は世界中にあります。中国や日本でも人魚があらわれたという記録は古くからありますが、東洋で知られている人魚は西洋で描かれてきた人魚と姿形が少し違っています。岸で子に乳をやっている姿を見たという話が多く、海の獣、特にジュゴンではないかといわれています。

福井県に昔あらわれたという人魚は、御浅岳の御浅明神の使者で、首から上は人間ですが、首に鶏のとさかのようなものがあり、そこから下は魚だといいます。浜に打ち上げられたこの人魚を近くの村の漁師が舟の櫂で打ち殺して海に捨てると、そのあと大風と海鳴りが何日も続きました。そして、大地震が起きて地面が割れ、村はその裂け目のなかにのみ込まれてしまったというのです。

青森県に流れついた人魚の記録には、「赤いとさかのようなものがあり、顔は美人でうろこは金色に光っている。その鳴く声はヒバリのようにすずやかだった」とあります。

人魚『今昔百鬼拾遺』鳥山石燕画。
（スミソニアン・ライブラリー所蔵）

南海の人魚

沖縄県の人魚は「ザン」と呼ばれます。ある夜、海から女の人の美しい声が聞こえてきました。翌日、三人の若者が舟を出してその声の主を網でつかまえると、半分人間、半分魚の生き物でした。「水のなかでなくては生きていけません」と泣いて頼むので、海に帰しました。すると、お礼に大津波が来ることを教えてくれたので、村人は逃げることができたという話が伝わっています。

鹿児島県の奄美大島には、「チュンチライ」という人面魚が出るといいます。深い海の底から浮き上がってきますが、人の姿を見ると沈んでしまいます。これがあらわれると、海が荒れると恐れられています。

人魚『観音霊験記　西国巡礼三拾二番　近江観音寺　人魚』歌川広重、歌川豊国画。（国立国会図書館所蔵）

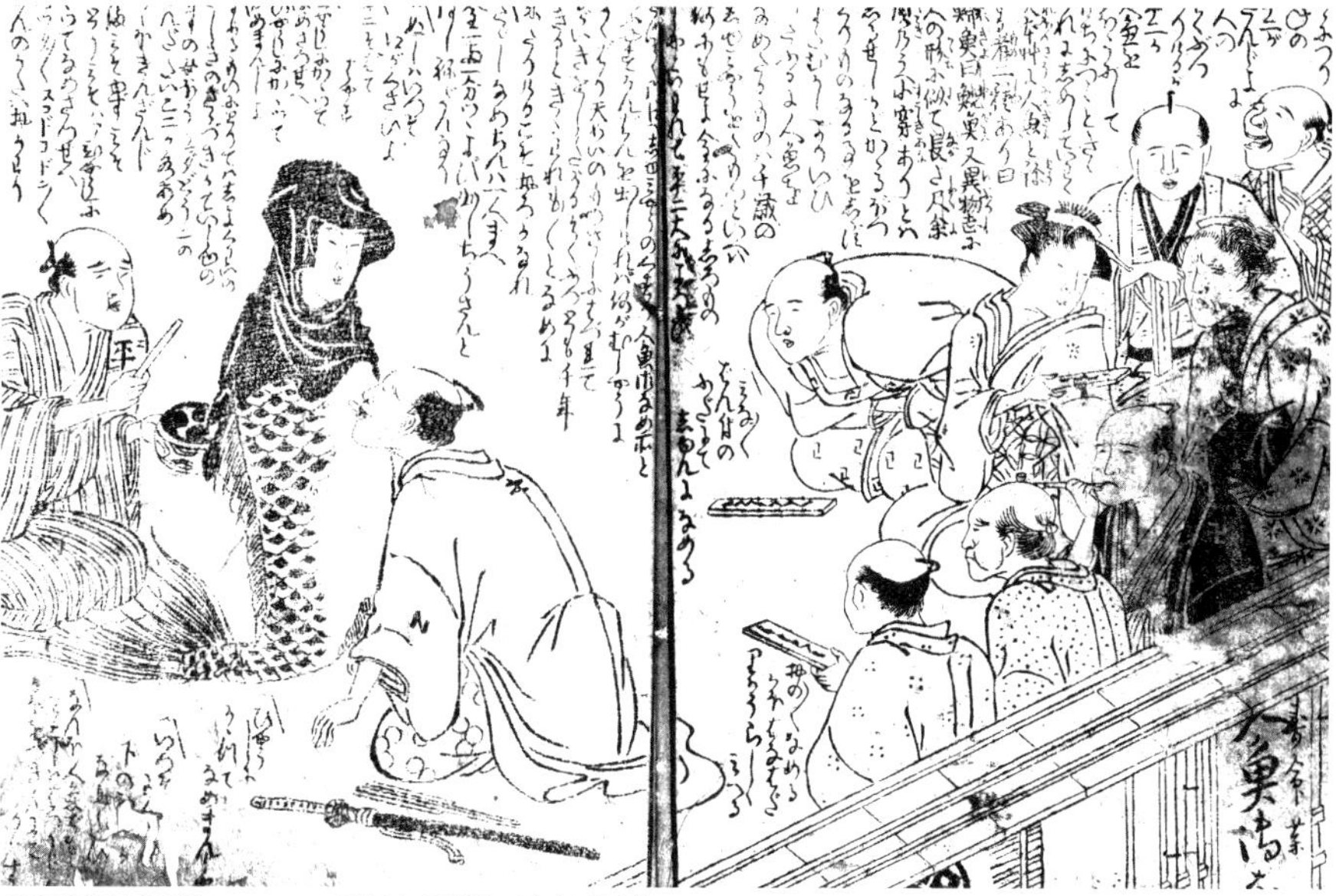

『箱入娘面屋人魚』（部分）山東京伝作・北尾重政画。
江戸時代の中頃から流行した絵入りの娯楽本、黄表紙には妖怪が登場する作品も多い。『箱入娘面屋人魚』は浦島太郎を父とする人魚の娘が主人公。娘は自分を釣り上げた男と夫婦になるが、暮らしは貧しい。人魚をなめた者は1000年の寿命を得られるということで、「人魚おなめどころ」という商売を始め、人気となる。亭主もなめつづけて若返り、ついには子どもに戻ってしまう。そこに浦島太郎が玉手箱をもってあらわれ……というストーリー。（東京都立中央図書館特別文庫室所蔵）

あずきあらい・あずきとぎ・あずきはかり

小豆洗い・小豆とぎ・小豆はかり

小豆を洗う音だけさせて、姿は見えない

めでたい小豆を洗う妖怪

「小豆洗い」は、多くの場合、川べりで姿は見せずに小豆を洗う音をたてる妖怪です。この妖怪は日本の各地にいます。地方によって呼び名が違い、広島県などでは「小豆とぎ」、鳥取県では「小豆こし」、岡山県では「小豆やろ」などと呼ばれます。姿が見えないので、音のするほうへ近づいていった人が、川や溝に落ちてしまったり化かされたりするというのです。

また、洗っているのは老婆だといわれている地方では、岩手県の「小豆洗い婆」や神奈川県の「小豆とぎ婆」などが知られています。

山梨県の西北部、長坂町の諏訪神社の近くに大きなアマンドウの木があり、その木の上に「小豆そぎ婆」がすんでいました。毎晩ザアザアと小豆を洗う音をたて、下を通る人を「小豆おあがりになって」と呼びとめます。そのときにうろたえたりすると、妖怪はその人を大笊ですくい上げてしまうといいます。

長野県の小豆とぎは「小豆とごうか人取って食おうかショキショキ」などと歌をうたうこともあったといいます。

新潟県の名主の家にあった樹齢何百年もの大きなモミの木の洞にすんでいた小豆とぎは、雨の日には「小豆とごうか、人とってかもうか」とうた

って人々を怖がらせたというのです。

ここで、どうしてその音が小豆を洗う音なのかを考えてみましょう。小豆は色が赤くて美しいので、昔から神の祭りをする日にだけ食べる特別のものでした。現在でも赤飯は、めでたい日に食べるのが習わしとなっています。つまり小豆は、神聖なものだと考えられていたのです。ですから、初めは小豆を洗う人間は神に仕えるものと考えられていたと思われます。しかし、神に対する信仰が薄らいでいくとともに、小豆を洗うだけの妖怪になってしまったのでしょう。

小豆のほかにも、米を洗う栃木県の「米とぎ婆」、愛知県の「米かし」などがありますが、洗い手が狐だとする岡山県の「小豆洗い狐」、静岡県の「洗濯狐」というものもいるそうです。

屋敷にいた小豆はかり

また、東京が江戸と呼ばれていたころ、川ではなく、ある武士の屋敷にすんでいた「小豆はかり」という妖怪もいます。ある晩、友達がぜひとも見たいといってその家に泊まり込み、聞き耳をたてながら静かにしていると、夜中に天井をドシドシ歩く音がして、次に小豆をばらまく音がします。音はだんだん大きくなり、次に庭の飛び石を下駄で歩く音や水をかける音がします。そこで障子をさっと開けましたが、何も見えなかったというのです。

小豆洗い　『絵本百物語』竹原春泉画。（湯本豪一記念日本妖怪博物館〈三次もののけミュージアム〉所蔵）

しばてん・けんもん

シバテン・ケンモン

河童に似て、相撲が大好き

里にあらわれるシバテン

「シバテン」は「猿猴」とも呼ばれ、高知県でよく語られています。ふつう、里にあらわれるものをシバテン、川の上流にあらわれるものを猿猴と呼びますが、区別がはっきりしているわけではありません。

シバテンは夕方から夜にかけて水辺にあらわれ、ほろ酔い機嫌の人が通りかかると、相撲をしようともちかけます。一度相手になると、一晩中何回も相撲をとらされてへとへとになりますが、夜が明けてみるとだれもいなくて、一人相撲をとっていたということがあったそうです。

昔、老婆が作っていた畑のキュウリが、少し大きくなると決まってだれかにとられてしまいます。ある日、老婆がキュウリをとりに行くと、子どものようなものが引っくり返って、足をばたつかせていました。老婆はかわいそうに思って助け起こしてやりましたが、その子の頭の上の皿がかわいてだいぶ弱っています。ところが、老婆が川の水をくんできてかけてやると急に元気になり、礼をいいながら川に飛び込みました。

次の朝、老婆が畑に行こうと戸を開けると、大きな鮎が四、五匹、木の釘にかかっていました。それから毎日、鮎が何匹かかかっていましたが、ある日釘が折れてしまったので、鹿の角を代わりに打ちつけておきました。すると、その日から、鮎はありませんでした。シバテンは鹿が嫌いなのです。

シバテンは、相撲やキュウリが好きだったりする点では、河童と同じだと考えられます。高知県南国市では子どもたちによって猿猴祭りがおこなわれるところがあります。また、河伯神社という社では今も河童祭りがおこなわれています。

ガジュマルの木にすむケンモン

鹿児島県奄美大島に、「ケンモン」という妖怪がいます。ケンモンはお化けや怪しいものという意味の化の物、怪の物がなまったもので、「ケンムン」ともいいます。雨が降りだしそうな暗い夜などに、山のほうから青白い火がただよってきます。その火はケンモンの火で、つめや頭の皿にともした火だとも、よだれが光っているのだともいいます。ケンモンは、七、八歳ぐらいの子どもの姿をしていて、足がとても長いともいわれています。また、ケンモンは魚とりもじょうずで、人間が漁をするといっしょにとってくれたりしますが、蛸だけは苦手なようです。

ケンモンはガジュマルの木をすみかにしていて、よく子守歌をうたいます。今もガジュマルの木の下に行くと、ケンモンがうたう子守歌が聞こえるといいます。また、ケンモンはいつもカタツムリを食べているのだそうです。昔、ケンモンにさらわれた子どもが次の日に見つかったとき、ケンモンにずっと山のなかを引きまわされてカタツムリを食べさせられていたとみんなに話したと伝えられています。

ケンモン 『南島雑話』名越左源太画。
(奄美市立奄美博物館所蔵)

昔、宮崎県から漁師がやって来て、奄美大島に住みつきました。ある日、鶏小屋を作ろうとして、じゃまになっているガジュマルの木を切ってしまいました。この土地の人はガジュマルはけっして切りません。何日かたって、漁師が夜おそく帰ってくると、子どもが「おじさん、相撲をとろう」と呼びとめます。初めは一人だったのですが、とり始めると数十人にもふえ、次々にかかってきます。漁師は一晩中とっては投げとっては投げしましたが、数が多いのでへとへとになって、夜が明けるころにようやく家に帰りつきました。それきり高い熱が続いて死にそうになり、四十日間も寝ていました。すんでいた木を切られたケンモンが、仕返しをしたのだといわれています。

橋姫

橋の上に出現するしっと深い姫

宇治の橋姫

川にかかる橋は、村境や四辻などと同じように、神々や妖怪のすむ世界と人間の住む世界の境界と考えられていた場所です。妖怪が境を越えて入ってくるのを防ぐために、そのような場所に古くから塞の神や道祖神などを祭っていました。橋のそばに祭られていたのが、橋姫という女の神さまでした。

特に有名なのが、京都府を流れる宇治川にかかる宇治橋に祭られている「宇治の橋姫」です。宇治の橋姫については、平安時代初めの『古今和歌集』にもよまれているように、古くからいろいろの伝説があるようです。

その伝説の一つは、昔、宇治川の近くに夫婦が住んでいましたが、夫が竜宮に宝をとりにいったまま帰らなかったので、妻

橋姫 『今昔画図続百鬼』鳥山石燕画。（スミソニアン・ライブラリー所蔵）

は悲しみのあまり橋の近くで亡くなり、妖怪となったというものです。ほかにも、夫がほかの女の人を愛するようになって見放された妻が、しっとして宇治川に身を投げ、妖怪となって人に害をなしたという話が伝わっています。

丑の時参り　『今昔画図続百鬼』鳥山石燕画。橋姫の伝説が丑の刻参りのモデルになったといわれている。
（スミソニアン・ライブラリー所蔵）

妖怪になった橋姫

妖怪になった「橋姫」は、顔形がみにくく、とてもしっと深い性格の持ち主です。自分が幸せな結婚ができなかったので、ほかの人が結婚するとそれをねたんで邪魔をするから、嫁入りの行列はけっして橋を渡ってはならないといいます。また、橋の上でほかの橋の話をするとおこって大嵐を起こしたり、女性のしっとを題材にした謡曲をうたうと不幸を招くといわれるのも橋姫のしわざといい伝えられています。

橋姫は、遠く離れたところにいる橋や沼の神とは姉妹で、橋を渡る旅人によく手紙をことづけます。山梨県の濁川で手紙をあずかった旅人が、途中で開いてみると、「この男を殺しなさい」と書いてあるのでびっくりし、「殺してはいけない」と書き直してもっていったところ、助かったという恐ろしい話があります。ところが秋田県では、手紙をことづけた女神と受けとった女神の両方から礼をもらい、大金持ちになったという話になって伝わっています。

獺

かわうそ

子どもや美人に化けて人をたぶらかす

動物の獺はイタチ科の哺乳類で、小さな犬のようで足が短く、毛の色は黒みをおびた茶色をして、水中で魚をとります。日本では四国などに少数が生息しているのみです。

妖怪の「獺」は、川岸を通る人の足を引っ張っておどろかせたり、かわいい子どもや美しい女の人に化けて人間の言葉を使って人をだますといいます。年をとった獺は、河童になるとも伝えられています。

獺　『画図百鬼夜行』鳥山石燕画。（スミソニアン・ライブラリー所蔵）

石川県の金沢城の堀ばたにすんでいた獺が、美しい着物を着た美人に化けてある若者を誘惑し、その家までついてきました。獺だと気づいた仲間が若者をかくしますが、美人に化けた獺はかぶっていた笠もとらずにずっと待っていました。夜がふけて笠をとった姿は、両目がらんらんと光った老婆に変わっていました。そして若者はとうとう見つかって、食い殺されてしまったといいます。

川天狗

かわてんぐ

天狗に嫁入りした美しい妖怪

東京都の奥多摩の渓谷には、「川天狗」という女の妖怪の話が残っています。天気の悪い日に、美しい振り袖の着物を着て、傘をさして出てくるといいます。非常に大きな山くずれの音をたてたり、幻の橋を何本もかけたり、長くて大きな滝を出現させたりします。滝を見ようと足を踏み出したりすると、谷底に真っ逆さまに落ちてしまうのだそうです。

また、別の谷の川天狗は、人に危害は加えないかわりに、いつもさびしそうに岩の上に座っていたということです。しばらく姿が見えなくなっていましたが、秋のある日、りっぱな天狗が岩の上に立っていて、そばに美しい女の人が寄りそっていました。それはあの川天狗で、天狗に嫁入りしたということです。

神奈川県では、夜、川へ漁に行くと、闇のなかに大きな火の玉が見えることがあります。また、投網をすると、姿が見えないのに同じように前を投網をしていくものがいたり、おおぜいの人の声が聞こえ、松明の火が見えたりすることがあります。これらは全部、川天狗のしわざだといわれています。

川天狗　『北斎漫画』葛飾北斎画。
（スミソニアン・ライブラリー所蔵）

川姫（かわひめ）

若者を惑わす川の美女

福岡県にいると伝えられる「川姫」は、美しい妖怪です。川姫は若者が水車小屋に集まっているようなときに、水車をとつぜんまわします。そういうときには、川姫を見ないように下を向いていなくてはいけません。川姫を見てしまい、その美しさに心を動かされた若者は、精気をぬかれてしまうといわれています。

ほかにも、川には人間の姿をしたいろいろな妖怪がいます。

江戸時代、現在の青森県の岩木川の上流で、何人かの木こりが川原に小屋を建てて泊まっているときのこと、とつぜん小屋の外で、「おらの子どもがいつも世話になっているので、礼に来た」という老婆のような声がします。月の明るい晩でしたが、仲間のほかはだれもいません。これが話に聞く「河媼」だろうと、みんなが怖がり、少しも眠れずに夜が明けるのを待ったというのです。

香川県の「川女郎」は、大水が出て堤が切れそうになると、「家が流れるー」と泣き声をあげるのだそうです。

また、「川赤子」という妖怪は、川の流れにのみ込まれておぼれ死んだ子どもの亡霊で、赤ん坊の泣くような声を出すといいます。

川熊

かわくま

川のなかからのびる黒い手の持ち主

江戸時代に、秋田の殿様が船釣りを楽しんでいると、水のなかから黒い手が出てきて、殿様の鉄砲を奪ってしまいました。泳ぎのじょうずな人が川にもぐって、ひろい上げたその鉄砲には、「川熊」のつかんだあとがあったということです。

また別のあるとき、男の人が真夜中に船に乗っていると、川のなかから船に手をかけてくる生き物がいます。おどろいた男の人がその手を切り落とすと、その生き物は手を残したまま逃げていってしまいました。切り落とされた手は、まるで猫の手のようだったということです。

新潟県には、信濃川の洪水で、土手をこわしてはんらんさせるのは川熊のしわざだといういい伝えがあります。

あやかし　『今昔百鬼拾遺』鳥山石燕画。
（スミソニアン・ライブラリー所蔵）

アヤカシ

あやかし

仲間を探す海で死んだ人の霊

昔、千葉県の太東岬の沖を通りかかった船の船頭が、水をくみに一人の水夫を上陸させました。水夫が草原で見つけた井戸のそばには美しい女の人が立っていて、親切に水をくんでくれました。船にもどって船頭にそういうと、「そこに井戸があるはずはない。前にも行方不明になった船がある。アヤカシだ！　早く船を出して逃げるんだ」と叫びます。急いで船を出しましたが、さっきの女が海に飛び込んで追いかけてきます。船を漕ぐ櫓でたたいて引き離し、ようやく逃げることができたというのです。

山口県のアヤカシは、海で死んだ人の霊のことをいい、仲間を探してさまようのだといいます。沖に漂流物をひろいに行くとよく会うといいます。海に塩と水を供えたり、カマドのきれいな灰をまくと出てくることはないと伝えられています。長崎県では、アヤカシというと海上に見える怪しい火のことをいいます（一一六ページ参照）。

磯撫で

尻尾の針で海中に人を引き込む怪魚

佐賀県や長崎県の沖には、鱶に似た大きな魚で、尾には鉄の針がはえている「磯撫で」という妖怪がいるといわれています。

磯撫では強い北風が吹くとあらわれ、船の上にいる人を尻尾の針に引っかけて、海のなかに引き込んで食べてしまうといわれます。

磯撫で　『絵本百物語』竹原春泉画。（湯本豪一記念日本妖怪博物館〈三次もののけミュージアム〉所蔵）

共潜

海女が海底で出会う自分と同じ姿の妖怪

海にもぐって貝や海藻をとる海女にとってもっとも恐ろしいのは、海の底で「共潜」という妖怪に出会うことです。共潜は海女とまったく同じ姿をしていて、海女が海底にもぐると、出てきてニヤリと笑います。そして、ときには鮑をくれたり、手を引いて別のところへ連れていこうとします。

ところが、鮑をもらったり、ついていったりするとたいへんです。海にもぐっている時間がのびて、窒息してしまうのです。でも、鮑を差し出されたときには、後ろ向きに手をまわしてもらえば安全だといわれています。

共潜を見た海女は、それからしばらくは海にもぐることはしません。仲間の海女も、「日待ち」といって共潜が遠くに去るまで二、三日は海に入りません。

赤鱏

島ほどもある巨大魚

鱏は、体が平たくえらが腹側についています。「赤鱏」の妖怪は、長さが十キロメートルもあり、背中にたまった砂を落とそうと、時々海の上に浮き上がります。そのとき、島だと思って近づくと、急に海の底に沈んでしまいます。そんなときは波が荒くなって、遭難する船も多いというのです。

赤えいの魚『絵本百物語』竹原春泉画。(川崎市市民ミュージアム所蔵)

昔、千葉県で、二人の船乗りが、大船に乗り込んで海に出ましたが、嵐にあって漂流し、ほかの二十一人といっしょにようやく島にたどりつきました。その島は無人島で家もなく、見たこともない草や木が岩の上にはえていて、木の枝には海藻が引っかかっています。どこまで行っても同じような景色で、水を飲もうとしても海水ばかりで飲むことができません。

しかたなく船にもどって漕ぎ出すと、たちまちさっきの島は海に沈んでしまいました。そこで初めて、今まで踏みしめていた地面が、あのうわさに聞く赤鱏の島だったとわかったというのです。

海坊主

ヌルヌル頭の巨大怪物

真っ黒の大きな妖怪、海坊主

海にはまた、「海坊主」という恐ろしい妖怪がすんでいます。海坊主は、「海入道」とも呼ばれ、巨大で黒く、ヌルヌルした大頭の怪物です。くちばしのあるものや、目も口も鼻もないのっぺらぼうのものもいます。

東北地方では、漁に出て、最初にとれた魚はまず海の神さまにささげる習わしがあります。そうしないと、大きな海坊主があらわれて船をこわしたり、船主をさらっていくといいます。

もし、海坊主が出ても、「あれはなんだ」などといってはだめで、口をきかずに見ないようにしなければいけないそうです。

昔、ある男の人が、女の人を乗せてはいけないという船頭の注意を聞か

海坊主　『夭怪着到牒』（部分）北尾政美画。（東京都立中央図書館特別文庫室所蔵）

ず、無理やりに妻を連れて船に乗り込みました。港を出てしばらくすると大嵐にあい、船が引っくり返りそうになりました。船頭は竜神の怒りにふれたのだと思い、積み荷や乗客の持ち物を次々に海に投げ込みましたが、ききめはありません。やがて、海上に黒く大きな頭で、目が光って口が六十センチもある海坊主があらわれました。船頭は、「だめだといったのに女が乗ったからだ」とたいへんおこりました。しかたなく妻が海に飛び込むと、海坊主はそれをくわえて差し上げてみせました。それとともに嵐がやみ、波も静かになったということです。この話は『奇異雑談集』に載っています。

海坊主は、水の神である竜神が落ちぶれたものと考えられます。竜神は、いけにえとして女の人を要求するといわれています。

海座頭『画図百鬼夜行』鳥山石燕画。（東京藝術大学附属図書館所蔵）

盲目の坊主頭、海座頭

海坊主の一種に「海座頭」がいます。座頭と呼ばれる目が不自由な坊主の姿の妖怪で、月の終わりごろになると姿を見せるといいます。

昔、船頭が一人で海に出ましたが、急に黒雲が空をおおい、高さ十メートルに達する大波が船をとりかこみました。船頭が恐ろしくなって船のなかにうずくまっていると、海座頭があらわれて「恐ろしいか」といいます。そこで、

海坊主　『東海道五十三対　桑名』歌川国芳画。（国立国会図書館所蔵）

東海道五十三對
桑名
船のり徳蔵の傳
一勇齋國芳画

「恐ろしいので助けてください」と答えると、「月末に船を出すもんじゃない」といって姿を消し、それとともに波もおさまり、黒雲も消えたという話があります。

水掻きがある海坊主の妻、海女房

海坊主の女房とされるのが、「海女房」です。こちらは髪の毛や、目、鼻、口があり、手足もありますが、人魚に似た姿で指のあいだに水掻きがあるといわれ、たいていは子どもを連れてあらわれるといいます。

島根県では、ある日海女房が子連れでやって来て、大きな桶に塩漬けにして保存しておいた魚を全部食べてしまったといいます。下半身が幽霊のようにぼんやりしていることもあり、「磯女」、「濡れ女」（九二ページ参照）と呼ばれることもあります。鹿児島県では「磯姫」と呼ばれ、人の血を吸うといわれています。

親指ほどの怪童、浪小僧

海にすむ子ども姿の妖怪が「浪小僧」、「海小僧」です。静岡県には、次のような話が伝わっています。一人の少年が田を耕したあと、小川で足を洗っていると、草むらから「もしもし」と呼ぶ声がします。見ると親指ぐらいの小さな子どもです。そしてその子は「私は前の海にすむ浪小僧です。ちょっと前の大雨に浮かれて陸に上がってきてしまいましたが、今度は日照りで帰れません。海まで連れていってください」といいます。少年はかわいそうに思い、助けてやりました。

その後、少年の村では少しも雨が降らず、田んぼの水がかれ稲はしおれてしまいました。少年は途方に暮れて海辺でぼんやりしていました。すると、海のほうから何かがちょこちょこと走ってきます。よく見ると、このあいだの浪小僧です。「先日はありがとうございました。私の父は雨乞いの名人なので、さっそく雨が降るように頼んでもらいましょう」といいます。

そして、「これからは、雨が降るときは東南の方向で、雨がやむときは西南の方向で波を鳴らせて知らせます」といって消えてしまいました。間もなく大雨が降って、村中の人が大助かりでした。

これ以後、この村では波の音によって天気の予知ができるようになったといいます。

舟幽霊

柄杓で水をくみ入れて船を沈めようとする幽鬼

舟幽霊　『絵本百物語』竹原春泉画。（川崎市市民ミュージアム所蔵）

船を難破させる舟幽霊

船を走らせたり、魚をとったり、海は私たちの生活を豊かにしてくれます。しかし、昔は造船技術や航海術が発達していなかったので、いったん嵐で海が荒れると、船が遭難することがありました。昔の人にとって海は恐ろしいところだったのです。そのようなことから、海にはさまざまな妖怪がいて、船を遭難させると考えたのです。

その一つに「舟幽霊」と呼ばれるものがあります。夜に漁をしたり、船を走らせたりしていると、とつぜん船のいっぽうが重くなったり、行く手に岩や島が見えたり、何かが近づいてくる気配がしたりします。また、綿のようなものが海上に浮かび、みるみる大きくなって目鼻ができ、何十となく船に手をかけてよじ登ろうとします。

（尼崎市立歴史博物館所蔵）

『源義経平知盛霊逢図』歌川芳員画。大物浦は現在の兵庫県尼崎市にあった港。源頼朝に追われた源義経一行は大物浦から西国へ船出したが、大風に阻まれる。舳先の海中には、平家の亡霊が漂う。

舟幽霊　『今昔画図続百鬼』鳥山石燕画。（スミソニアン・ライブラリー所蔵）

　そのとき舟幽霊は、「杓くれ、杓くれ」、あるいは「杓貸せ、杓貸せ」と叫びます。柄杓で海水を船にくみ入れて船を沈めてしまおうというわけです。柄杓を渡すと船は沈没してしまいますし、渡さないと何をするかわかりません。そこで底のない柄杓を用意しておき、舟幽霊に渡します。その柄杓で舟幽霊は懸命に水をくみますが、いっこうにたまらず、やがてあきらめて退散するというのです。そこから、舟幽霊のことを、「イナダ貸せ」（イナダは大柄杓）、「柄長くれ」（柄長は柄杓）などとも呼びます。

　また舟幽霊は、遠くの沖に何十そうもの船が一列になって帆をあげて走る幻を見せることもあります。この列についていくと、海のなかに引き込まれてしまうといいます。宮城県では、舟幽霊の船があらわれたときは、その前に出て、自分の船をとめてじっとにらむと消えてしまうといわれています。

船の進路をあやまらせる亡者火

　舟幽霊は、沖で火をたいて船の進路をあやまらせることもあります。それを「亡者火」、「マヨイ」といい、島根県で「ムラサ」、長崎県で「アヤカシ」、鹿児島県で「亡霊火」などと呼びます。

　昔は、風雨の夜などには沖を行く船が遭難しないように、陸上でかがり火をたいて船に進路を知らせました。そのようなとき舟幽霊は、反対に沖で火をたき、船頭を迷わせるのです。陸の火は動かずに一か所で燃えているのに対して、亡者火はゆらゆらと動くので、見分けがつくはずなのですが、船頭はつい、沖の怪しい火に引き込まれてしまうのだといいます。

　このような舟幽霊があらわれるのは、雨の日や満月、新月の夜が多いようです。高知県では、舟幽霊が出たら、灰や四十九個の餅を海に投げると助かるといわれています。また、舟幽霊が船底にくっついたときには、水を竿でかきまわすとよいともいい伝えられています。

亡者舟・海難法師

もうじゃぶね・かいなんほうし

海上にあらわれる水死者の亡霊

海で遭難した亡者の船

青森県では、漁船が沖で遭難すると、海上に亡者舟があらわれたといいます。ある無人島のそばを漁船が通りかかると、行く手に怪しい火がたくさん燃え上がって、船の姿は見えないのに、人が忙しく働いている気配がします。近づくと火は消えて、音もしなくなったといいます。

別のところでは、村人がある年の盆の月夜に村の浜辺を通ると、沖から櫂を漕ぐ音をさせて船が岸に向かってくる気配がしました。そこで村中の人が集まって船が着くのを待ちましたが、船は沖で帆をかけたまま少しも近づいてきません。これも亡者舟で時々姿を見せるといいます。

さらにまた、ある盆の夕方、沖から浜に向かって船が近づいてきたので、「おーい」と叫ぶと船からも返事があって、やがて船の姿が見えました。船が港に入って帆を下ろしたので、人々が「引き綱をよこせ」と叫ぶと、その瞬間に姿が消えてしまったといいます。

島の若者たちの亡霊

東京都の伊豆七島では、一月二十四日の夜には「海難法師」が出るといわれています。昔、大島の若者たち二十五人が、島民を苦しめた悪代官を殺し、追手を逃れて丸木船で海に漕ぎ出したところ、暴風雨にあって舟が転覆し、全員が死んでしまいました。それが一月二十四日の夜のことで、その若者たちの亡霊が海難法師となってあらわれるというのです。

船頭（せんどう）と船幽霊（ふなゆうれい）　『とう尽（づ）くし画帖（がちょう）』河鍋暁斎（かわなべきょうさい）画（が）。（河鍋暁斎記念美術館所蔵）

3 里の妖怪

人々が働き、住んでいる村や町のなかにも妖怪は出てきます。昼間は多くの人が行きかい生活の場となっている道さえも、ときには妖怪があらわれて人々をおどろかせました。ことに道が交わった辻は、霊が寄ってくるところだと考えられていました。このようなところで「狐」や「狸」はじょうずに化けて人間をだまします。目鼻や口のない「ずんべらぼう」や、見れば見るほど大きくなる「見越し入道」も道ばたから出現の時をねらっているのです。

妖怪があらわれるのは、どんな場所だろう

岩井宏實

妖怪はどこにでも気ままに出現するものではなく、あらわれる場所は妖怪によって決まっています。それは、山、海、川、道（里）、屋敷の五つに大きく分けられます。鬼、天狗、山姥、山爺などは山の妖怪です。また海坊主、舟幽霊、濡れ女などは海辺の妖怪です。河童とその仲間は川の妖怪、狐や狸、見越し入道などは道の妖怪で、ザシキワラシや化け猫などは屋敷の妖怪の代表です。

こうした場所はどこも、日本人がこれまでの長い暮らしのなかで、精神的に特別な空間と感じてきた場所です。日本人は自分の住んでいる現実の世界、つまり現世に対して、もう一つ別に神々が住む世界、すなわち他界があると想像してきました。その他界は、天空他界、山中他界、海上他界に分けられます。他界と現世が交流するところに、神聖な霊（神）も、落ちぶれた霊（妖怪）も集まると考えてきたのです。

だからこそ、山の妖怪も人が足を踏み入れたことがないような山奥に出てくることはなく、人が日常生活をしている場所からそう離れていない奥山と里山との境のあたりに出てくるというわけなのです。その場所は、山の神が支配する領域と人間の住む山里との境界です。その境界から奥は超自然的な空間であって、それに対して人々は恐れの感情をいだいていました。

海の場合も、底しれない大海原は海神や竜神の支配する世界であると考えました。海底の世界と人間の世界の境が海面であり、また海と里との境が磯浜です。そこは海からの恵みがもたらされるところであるとともに、やはりさまざまな怪しい霊が集まってくる場所でもあるのです。

村や町に住む人たちは、現実の世界と他界との境を、道

の辻や川だと考えました。辻とは、T字形に道が交わった三辻や十字路の四辻のことで、そこは正月の神を迎えたり、祭りのときに神を送ったりする場所であり、また死んだ人を送る重要な場所でもあるのです。川も生活の空間を区切る大事な境であり、川の向こう側は、自分たちの住むこちら側に対して、他界と考えられました。この川をはさんだ二つの世界をかけ渡すのが橋で、仏教でも、橋は仏様の世界である浄土と現世とをつなぐものであり、二つの世界の境であるとされています。

屋敷にも多くの妖怪が出没します。家のなかでも、ふだん使わない部屋や人気のない部屋は非日常の空間と考えられ、そこに霊がすむとされました。また、昼の世界に対し夜の世界も非日常の空間なので、特に夜になると妖怪が出没するのです。現在でも、新しく家を建てるときには、基礎工事を始める前に、工事の無事を祈って地鎮祭をおこないます。それは、もとからそこにいた土地の精霊を鎮めるための儀礼なのです。その上に新しい家が建つと、そこにまた新たな霊が宿ると人々は意識しました。

『俵藤太秀郷絵巻』。（国立国会図書館所蔵）

狐

稲荷神の使いも、いっぽうでは人を化かす

野狐 『絵本百物語』竹原春泉画。狐は提灯の蠟燭を食べることがあるという。
（湯本豪一記念日本妖怪博物館〈三次もののけミュージアム〉所蔵）

稲荷の使者

狐は世界各地で古くから悪がしこい動物といわれていて、人間をだましたたくさんの説話が残っています。

しかし、昔から日本では、狐は食物や農業の神さまである稲荷の使いと考えられていました。狐がえさを探しに山から下りてくるのがちょうど稲の実るころなので、昔の人は、田の神が稲の実りを知らせるためにつかわす神聖なものが狐であると考えたのです。

そこで人々は、全国各地に社を建てて祭り、正一位稲荷大明神という高い位までさずけました。江戸時代には特に稲荷の信仰が盛んになり、お稲荷さんと呼ばれて親しまれました。狐は油揚げが好きだといわれるところから、油揚げに詰めたすしに「稲荷ずし」、油揚げの入ったうどんに「狐うどん」

野狐　『百怪図巻』佐脇嵩之画。野狐はよく美女に化けるという。（福岡市博物館所蔵）

という名前がつけられたのです。

人間を化かす狐

狐はいっぽうで、昔から人間を化かすものともされてきました。わけがわからなくてぼんやりすることを「狐につままれる」と表現しますが、これは狐に化かされたときの状態をあらわしているのです。

人が化かされた話はすでに平安時代に成立した『日本霊異記』に載っています。それによると、現在の岐阜県に住んでいたある男の人が嫁探しをしていましたが、ある日、野原で一人の美しい女の人に出会いました。二人は仲良くなって結婚し、子どもも生まれました。しかしある日、犬がほえついて、妻にかみつこうとしました。すると妻は、逃げるうちについに狐の姿をあらわしてしまいました。

このように、かくしていたことや正体がばれることを「尻尾を出す」といいます。

また、江戸時代の本には次の話が伝えられています。現在の群馬県を旅していた人が、頭と手に植物のつるを巻きつけ、一生懸命に念仏をとなえている僧に出会いました。どうしたのかと思って声をかけると、その僧はようやく正気に返って、次のように話したというのです。

「昨日の晩、狐がだんごをとろうとしたので、杖で打って追い払ったのです。そのあと山道を歩いていると、向こうから大名行列がやって来て、私を捕らえて縄で手足をしばり、首をはねようとします。何度もあやまったのですが、許してくれません。そこでもうだめだと覚悟して、一心不乱にお経をとなえ

青山狐 『北越奇談』葛飾北斎画。石地蔵を背負い、女に化けた狐が男をだます。新潟市の青山にすんでいた狐の話。（富山大学附属図書館所蔵）

ていたところです。」

これは、狐が大名行列に化けて出てきて復しゅうしたのです。縄だと思ったのは、実は植物のつるだったのです。

女に化ける狐

昔、江戸といわれていたころの東京で、ある人が手紙をとどけた帰り道、夕暮れがせまってきたうえ、雨が強く降ってきました。そこで傘をさして歩き始めると、前を女の人がずぶぬれになって歩いているのに気がつきました。気の毒に思って「傘に入れてあげましょう」と声をかけると、振り向いたその顔は、口が耳までさけた化け物だったので、おどろいて気絶してしまいました。このあたりには狐がすんでいて、夜になると人をだますといううわさがあったということです。

狐はこのようによく女の人に化けますが、その姿をよく見ると、闇夜でも着物の柄がはっきり見えるといいます。また、狐に化かされるのは眉毛の数を読まれるからなので、眉につばをつけると化かされないともいわれます。

ある男の妻が病気で、長いこと実家に帰っていました。一人暮らしのこの男が川へ釣りに行くと、上流から白い狐が流されてくるので助けてやりました。その後しばらくして、女の人がやって来て家の手伝いをさせてほしいというので、いっしょに住むことになりました。

『源氏雲浮世画合　二　帚木　葛の葉狐　童子』歌川国芳画。葛の葉狐は信太妻とも呼ばれ、文楽や歌舞伎の多くの作品に取り上げられている。（東京都立中央図書館特別文庫室所蔵）

王子装束ゑの木大晦日の狐火

白蔵主『絵本百物語』竹原春泉画。狐が寺の法師・白蔵主に化けて、甥の殺生をいましめた。（湯本豪一記念日本妖怪博物館〈三次もののけミュージアム〉所蔵）

『白蔵司図』鈴木其一画。
（東京国立博物館所蔵　出典：ColBase ／ https://colbase.nich.go.jp/）

やがて二人のあいだに、子どもができました。ところがある日、子どもが父に、「お母さんが尻尾で庭をはいているよ」といいます。さては狐だったか、と追い出そうとすると、狐は「私が恋しかったら、信田の森に来てごらんなさい」という歌を残して山へ帰って行きました。その後、男の家の稲がよく実るようになったといいます。この話は「信田妻」、「葛の葉」という題で、江戸時代の浄瑠璃などにも語られています。

『名所江戸百景　王子装束ゑの木　大晦日の狐火』歌川広重画。王子稲荷では、大晦日の夜、関八州（関東地方）の狐が集まり、多くの狐火が見えるという。
（メトロポリタン美術館所蔵）

人にとりつく狐と人を助ける狐

狐は化けるだけでなく、人にとりつくともいわれます。なかでも有名なのは、「おとら狐」です。この狐は、安土桃山時代の天正三年（一五七五年）に織田信長と徳川家康の連合軍が武田勝頼の軍を破った長篠合戦のとき、鉄砲の弾が当たって左の目が見えなくなりました。悪いことはかさなるもので、その後、昼寝をしていて猟師に足をうたれ、足も不自由になってしまいました。

『木曽街道六十九次之内　下諏訪　八重垣姫』歌川国芳画。いいなずけ武田勝頼の命をすくうため、白狐の助けを借り、こおった諏訪湖をわたる。（東京都立中央図書館特別文庫室所蔵）

この狐は長篠城跡（愛知県東部）に祭られていましたが、やがて祭る人がいなくなったので、人にとりつくようになったといわれています。

おとら狐は、人について、その人の口をかりて長篠合戦の話を始め、自分の身の上話をするというのです。また、この狐につかれた人は、左の目から目やにを出し、左足が痛くなるといいます。

しかし、狐は人をだましたり人にとりついたりするだけでなく、人間を助けることもあります。

昔、現在の静岡県にお竹という名前の年老いた狐がすんでいました。村人が葬式や結婚式などでおおぜいの人に食事を出さなければならないとき、椀や膳が足りなくても、山へ行って「何日に何人分の食器をかしてください」と頼んでくると、その日にはすべてそろっていたということです。これは「お竹狐」がそろえてくれるのだといわれています。

また、現在の岩手県にすんでいた白狐は、子どもと仲良しでした。この狐は、子どもたちに狐のように軽やかに跳ぶことを教えただけでなく、学校の勉強まで教えてくれたといいます。また、子どもの弁当と、大人を化かしてとったお金で買った本物のせんべいとをとりかえてほしいと頼んだそうです。

『江戸名所道戯尽　十六　王子狐火』歌川広重画。
(国立国会図書館所蔵)

狸

八化けといわれるほどの化けの名人

豆狸『絵本百物語』竹原春泉画。広げた金玉をかぶって雨のなか食べ物を買いにいく。(湯本豪一記念日本妖怪博物館〈三次もののけミュージアム〉所蔵)

狸の八化け

狸は、狐とならんで人を化かす動物の代表です。「狐の七化け、狸の八化け」といって、狸のほうがたくさんのものに化けることができるようです。しかし、その化け方はどこかおかしみがあって、あまり恐ろしくありません。

狸は建物や道具に化けることがあります。昔、ある人が京都の寺の前を歩いていると、ふだんはないところに山門ができ上がっているのでふしぎに思いました。そこへ馬を連れた飛脚（手紙などを配達する人）が通りかかりました。その馬がいななくと、急に山門はなくなってしまいました。これは、山門に化けていた狸が、嫌いな馬が来ていなないたので、逃げてしまったからなのです。

道具に化ける話では、「文福茶釜」

『新形三十六怪撰　茂林寺の文福茶釜』月岡芳年画。（静岡県立中央図書館所蔵）

が有名です。群馬県の館林市に、柴刈りで暮らしを立てている貧乏な老爺がいて、子どもにいじめられている狸を助けたところ、狸が恩返しをするという話です。

　初め、狸は茶釜に化け、老爺はそれを茂林寺の和尚に売りました。寺では小坊主が釜を砂でゴシゴシみがくので、狸は痛くてすぐに逃げ帰ってきてしまいます。そのあとも、次々に女の人や馬に化け、そのおかげで老爺は大金持ちになったというのです。

狸の恩返し

　岡山県にも、狸の恩返しの話があります。ある武士の家で、女の人が便所に行くと、下から毛深い手が出てきてお尻をなでます。気味が悪いので引っ越しますが、同じことです。とうとう最後には主人が、出てきた手を刀で切り落としました。すると妖怪は逃げていき、あとに狸の手だけが残されました。

　その後、主人の夢に狸があらわれ、「手を返してください。そのお礼に薬の作り方を教えますから」と頼みます。そこで主人が手を返してやると、狸は塗り薬の作り方を教えて消えてしまいました。それからこの家では、狸の秘薬を「狸伝膏」と名づけて売り出したということです。

阿波の狸合戦

　狸の妖怪の話が多く伝えられているのは阿波（現在の徳島県）です。坊主橋という橋のそばの藪にすんでいる「坊主狸」は、夜そこを通りかかる人を坊主頭にしてしまうといいます。ま

『四国奇談　実説古狸合戦』。（国立国会図書館所蔵）

た、夜ふけに人が通りかかると、道の真ん中に大きな衝立が立ちはだかっているという「衝立狸」、蚊帳が何枚もつってあって通りぬけられなくする「蚊帳つり狸」、砂を降らせて方角をわからなくさせる変わりダネの狸もいたといいます。

　なかでも有名なのが、「狸合戦」の物語です。吉野川をへだてて赤岩将監

と鎮十郎という名前の狸がいて、それぞれ付近の狸をしたがえて勢力を張りあっていました。とうとうあるとき両者のあいだでたたかいが起こり、鎮十郎は敗れて讃岐（現在の香川県）屋島の禿狸に援軍を求めました。禿狸は、阿波に勢力をひろげる絶好の機会と考えて大軍を進めます。両軍ともにたくさんの死んだり傷ついたりした狸が出ましたが、勝敗は決まらず、にらみあいになってしまいました。

禿狸軍は、退屈をまぎらわせるために毎晩にぎやかに芝居を演じたので、やかましくて村人は眠れません。そこで村人は、猟師に頼んで狸退治をすることにしました。

猟師が音のするほうに近づくと、神社の境内にたくさんの狸が集まって、平家と源氏がたたかう「屋島の合戦」の芝居を演じていました。あまりにお

『新形三十六怪撰　武田勝千代月夜に老狸を撃の図』月岡芳年画。（静岡県立中央図書館所蔵）

『楠多門丸古狸退治之図』月岡芳年画。楠多門丸は楠木正成の息子、正行のこと。（早稲田大学図書館所蔵）

楠多門丸正行

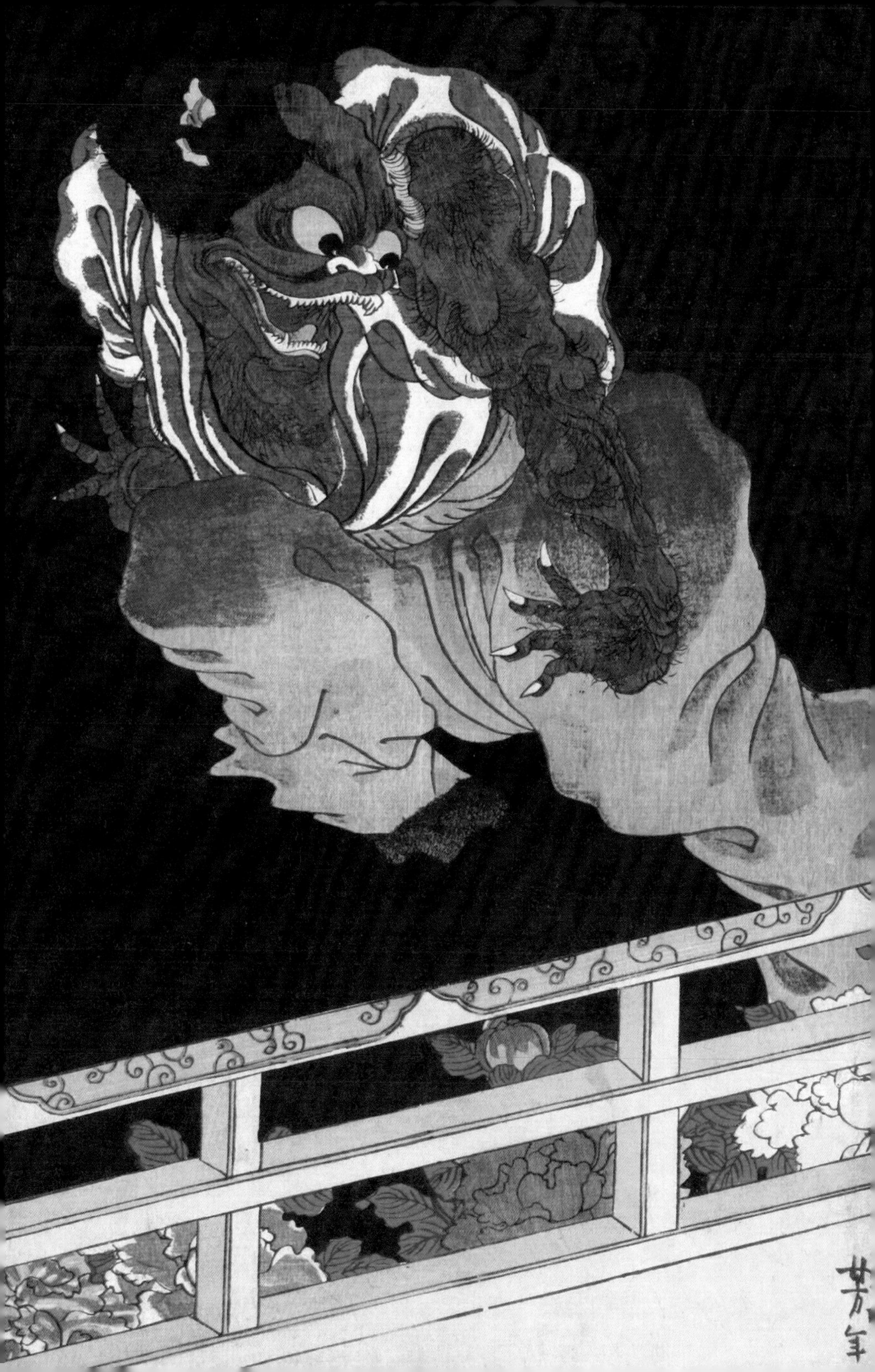
芳年

もしろかったので猟師は見とれていましたが、気をとり直して、舞台に出てきた大きな狸をめがけて鉄砲をうちかけました。しかし、手ごたえがありません。

今度はいちばん大きな明かりをめがけてうつと、とたんに明かりが消え、鉦や太鼓の音も消えてしまいました。次の日の朝、そこを調べると大きな血の池ができていて、その日からすっかり静かになりました。

あとでわかったことですが、その晩おそく、渡し守りに船を出させて川を渡っていった覆面をした武士の一行がありました。そのなかに駕籠が一つあって、鉄砲でうたれた禿狸が乗っていたそうです。

こうして、両軍の合戦は勝ち負けなしに終わりましたが、赤岩将監は今も狸神として祭られているといいます。

芝右衛門狸 『絵本百物語』竹原春泉画。兵庫県淡路島の芝右衛門のところに毎日やって来て物語をしたが、犬におそわれて死んだ。（川崎市市民ミュージアム所蔵）

腹鼓と狸囃子

狸が出す怪しい音に「狸囃子」があります。狸囃子とは、深夜にどこからともなく鉦や太鼓の音が聞こえてくるものです。太鼓の音は、狸が自分の大きな腹をたたいて出すといわれ、狸の腹鼓ともいいます。

狸囃子は童謡「証城寺の狸囃子」にうたわれているように、寺の境内でも聞かれたようですが、特に江戸の町でよく聞くことができたといいます。夜になると、時々遠くから鼓の音が聞こえてきますが、どこから聞こえてくるのかわかりません。九州平戸藩の屋敷が本所（東京都墨田区）にあって、藩主の松浦静山もそれを聞いたといわれます。本所は狸の妖怪のよく出るところで、狸が七つの妖怪に化ける物語が、「本所七不思議」という講談にまとめられています。

土蜘蛛

どこからともなくあらわれ、糸でからめとる

蜘蛛の妖怪

気味の悪い形をして、肉食性で、糸を出して張った網で虫をつかまえたりする蜘蛛は、嫌われもので恐れられています。特に、「朝蜘蛛は福、夜の蜘蛛は親に似ていても殺せ」といういい伝えがあるように、夜に出てくる蜘蛛は人に害をすると思われていたのです。

昔、長野県に貧しい母と子が住んでいました。息子が病気になって高い熱を出し、うわごとに「蜘蛛が来る、蜘蛛が来る」といいながら苦しんでいました。母親は、蜘蛛が出てきたら踏みつぶしてやろうと待ちかまえていましたが、蜘蛛の姿は病人の息子には見えるのですが、母親には見えません。

ところがある日、母親が息子の寝ている布団の下にかくれている蜘蛛をとうとう見つけて捕らえようとしますが、逆に蜘蛛に糸を巻きつけられてしまいました。大声で助けを求めると、人々がかけつけてきて斧や鉈で糸を断ち切り、蜘蛛を退治してくれました。それとともに息子の病気も回復に向かったというのです。

また、京都の大善院という寺に山伏

土蜘蛛 『今昔画図続百鬼』鳥山石燕画。（スミソニアン・ライブラリー所蔵）

が泊まっていると、夜ふけに大きな音がして堂が地震のように揺れ、天井から大きな手が出てきて顔をなでます。それを山伏が刀で切りつけると、一メートル近い大蜘蛛になったということです。

　このように、蜘蛛はめったに姿を見せずに人間に危害を加えます。蜘蛛は、うらみをいだいてたたりをする霊といわれていて、刀や斧などの刃物を恐れるといいます。

源頼光の土蜘蛛退治

　大江山の酒呑童子を退治した源頼光は（一八ページ参照）、マラリア（熱帯性の伝染病）に似た熱病にかかって、どんな名医にみてもらってもなおらずに苦しんでいました。

　ある夜、看病していた家来の四天王

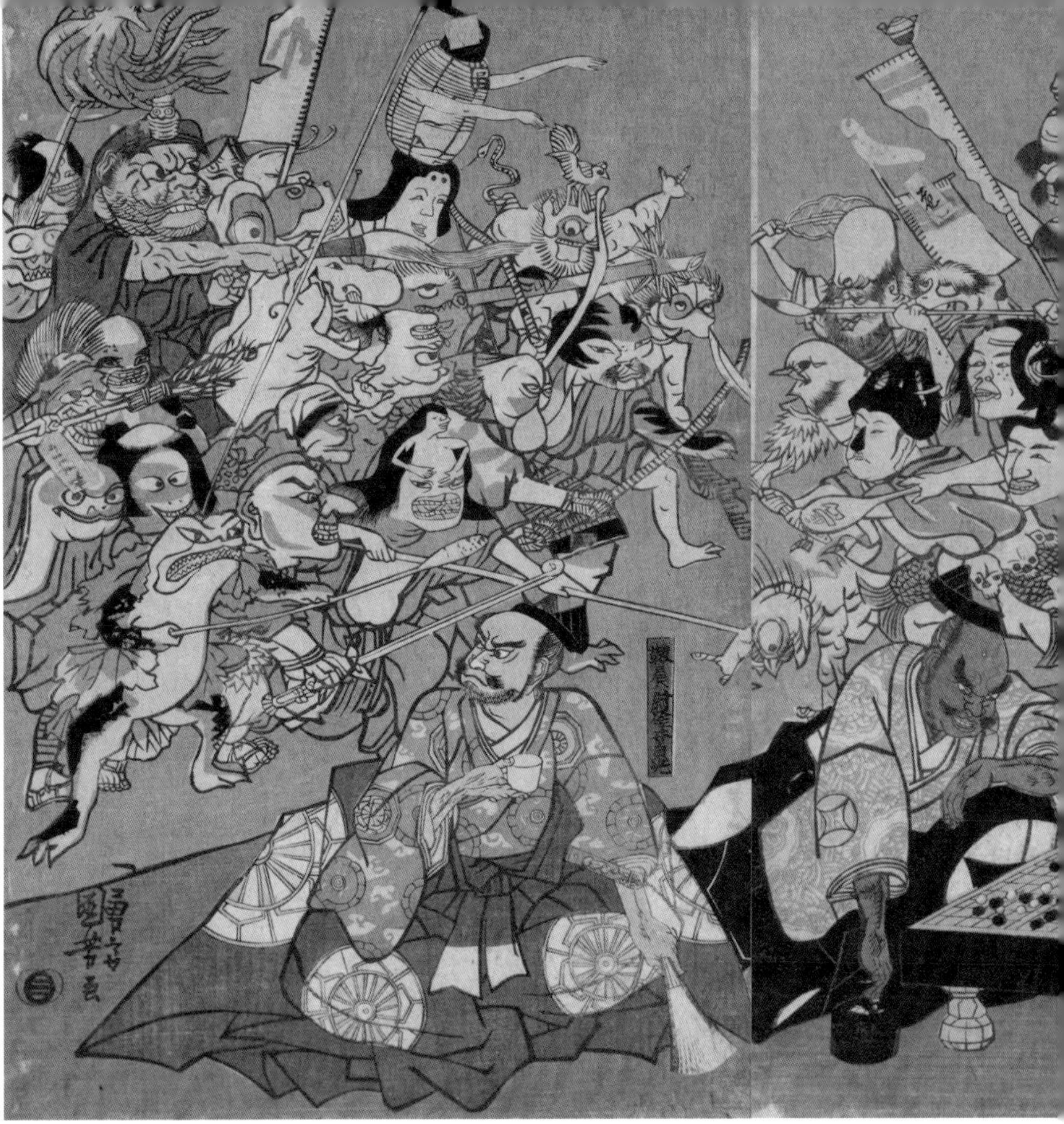

『源頼光公舘土蜘作妖怪圖』歌川国芳画。
土蜘蛛や土蜘蛛が呼びよせる妖怪に悩まされる源頼光と四天王。（国立国会図書館所蔵）

たちも寝静まったころ、かすかな明かりのかげから身長二メートル以上もあろうかという僧があらわれて、頼光を縄でしばろうとします。目がさめた頼光が刀で切りつけると、僧は山へ逃げていきました。かけつけてきた四天王が、こぼれていた血のあとをたどっていき、土のなかにかくれていた一メートル以上もある「土蜘蛛」を見つけて退治しました。それから、頼光の病気はすぐによくなったというのです。

この話は、平家一門の歴史を描いた『平家物語』に載っていて、謡曲や長唄、歌舞伎の「土蜘蛛」として現代でも演じられています。

室町時代の『土蜘蛛草紙』は、源頼光の土蜘蛛退治の物語を絵巻物にしたものですが、それによると話は少し違っています。

頼光が、家来の渡辺綱といっしょに

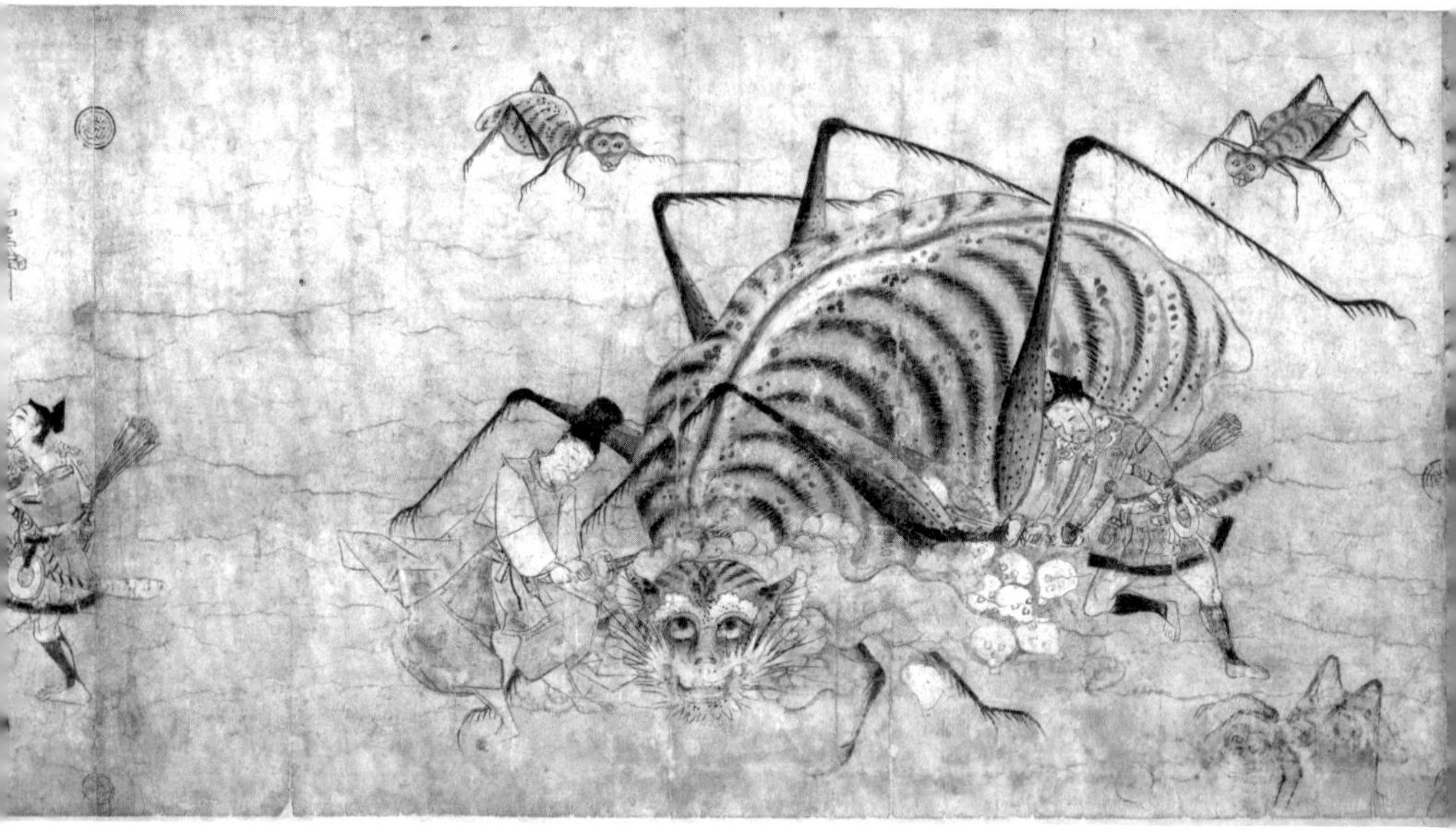

『土蜘蛛草紙絵巻』（東京国立博物館所蔵　出典：ColBase ／ https://colbase.nich.go.jp/）

京都の北のほうに出かけたとき、骸骨の頭が空を飛んでいくのを見かけました。その頭のあとをつけていくと一軒の古い家があり、頼光たちはそこでいろいろな妖怪たちに悩まされます。明け方になってあらわれた美女が投げつけた白雲に切りつけると、美女は白い血を出しながら逃げていきました。あとをつけていくと洞窟に行きつき、なかにいた怪物を引っ張り出して退治すると、それは大きな土蜘蛛だったというのです。

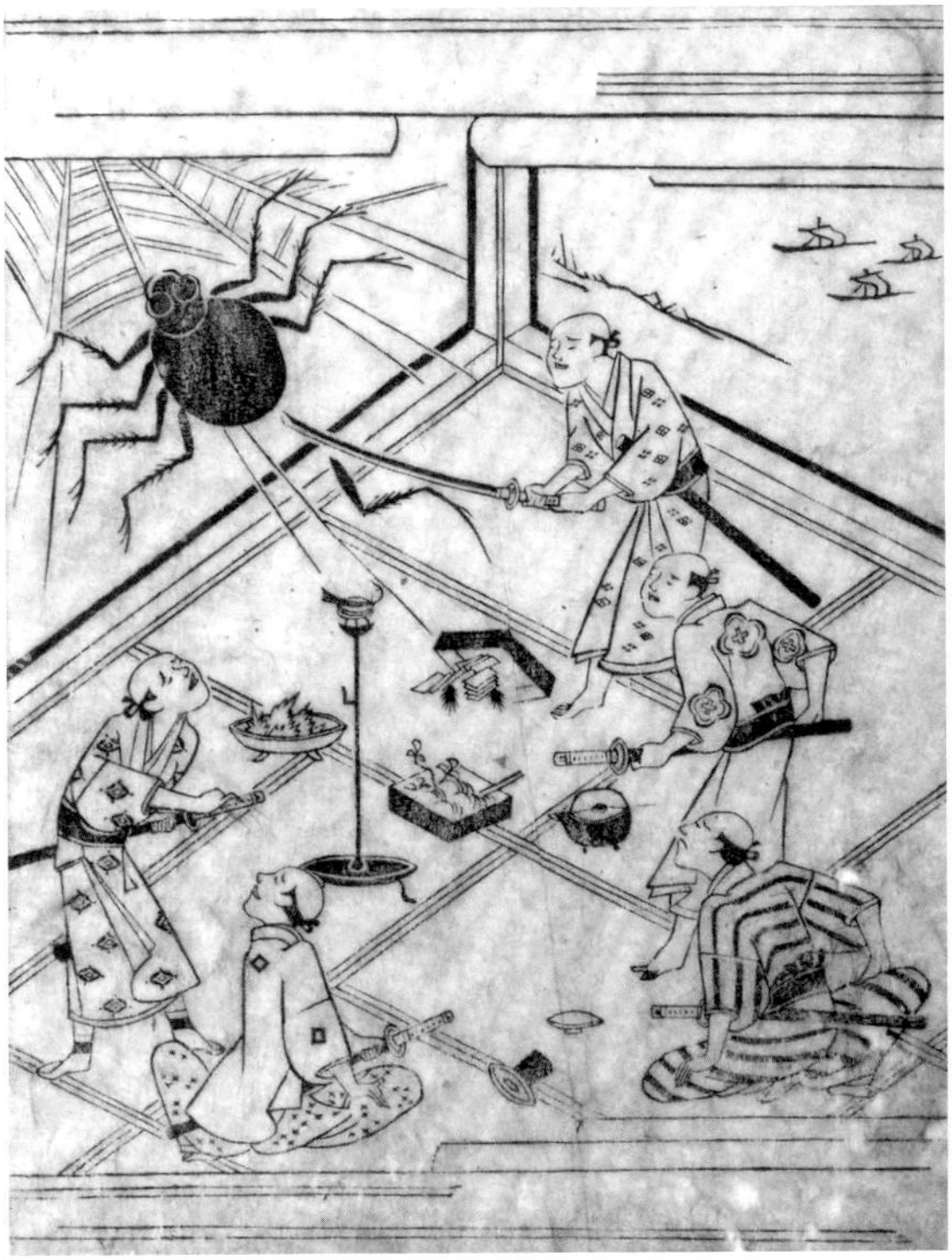

『宿直草』（富山大学附属図書館所蔵）

女の人に化ける女郎蜘蛛

蜘蛛の一種の「女郎蜘蛛」は、腹の黒と黄色のもようが見るからに怪しげで、雄よりも雌のほうが大きくて女の妖怪となってあらわれます。

江戸時代の『宿直草』という本に、次の話が載っています。

あるとき、青年武士のところに、子どもを抱いた二十歳くらいの女があらわれ、「この子はあなたの子どもです」といいます。武士はすぐに妖怪だと気づいたので、刀で切りつけると、女は逃げて天井に上がりました。次の朝、天井裏を見ると、人間の死骸がたくさんあるなかに、直径五十センチほどの女郎蜘蛛が死んでいました。死骸は全部女郎蜘蛛が食い殺したものだったといいます。

『芳年漫画　天延四年秋妖怪土蛛蜩悩源頼光寝所酒田公時等宿直欲払其妖図』月岡芳年画。

（国立国会図書館所蔵）

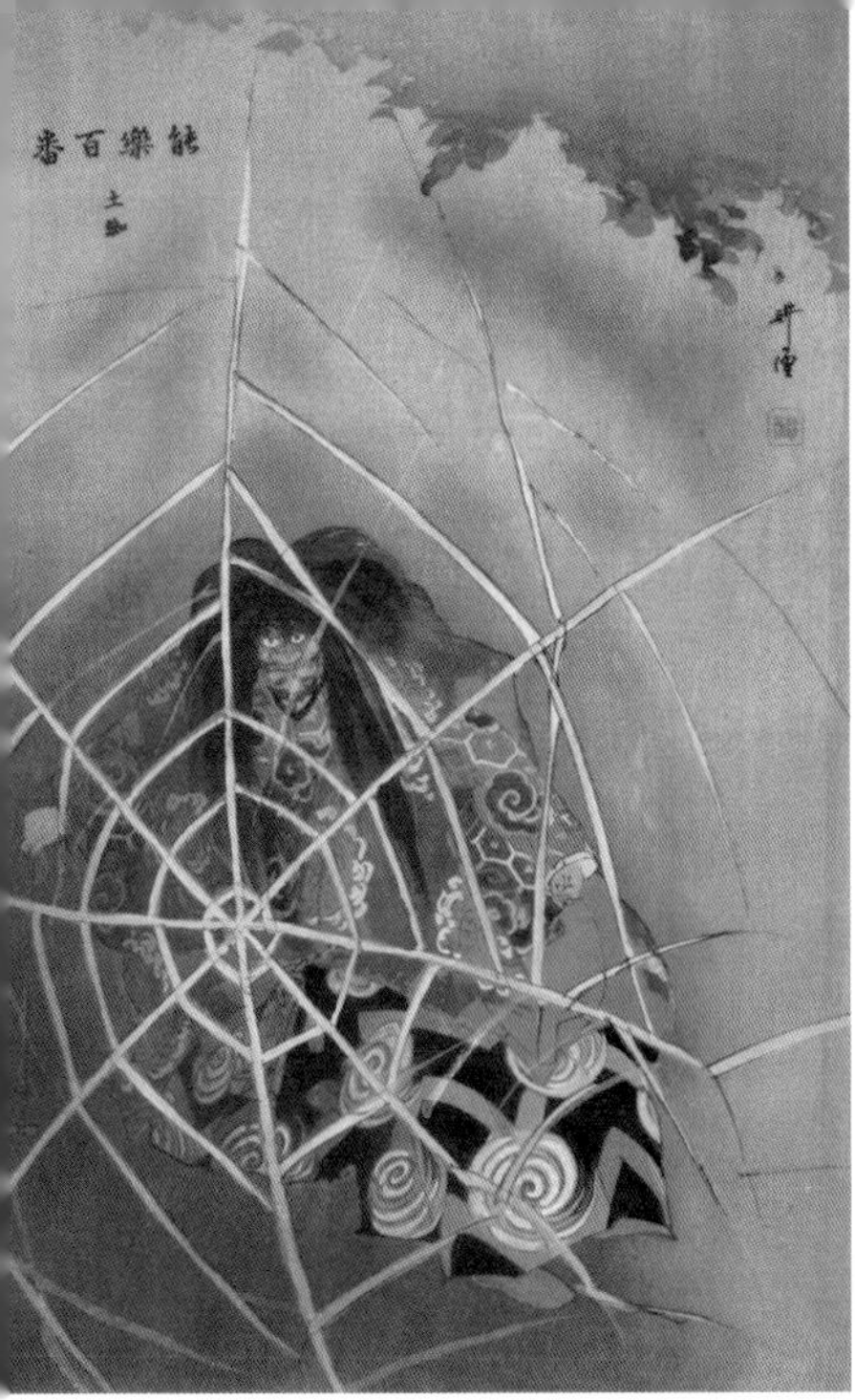

『能楽百番　土蜘』月岡耕漁画（シカゴ美術館所蔵）

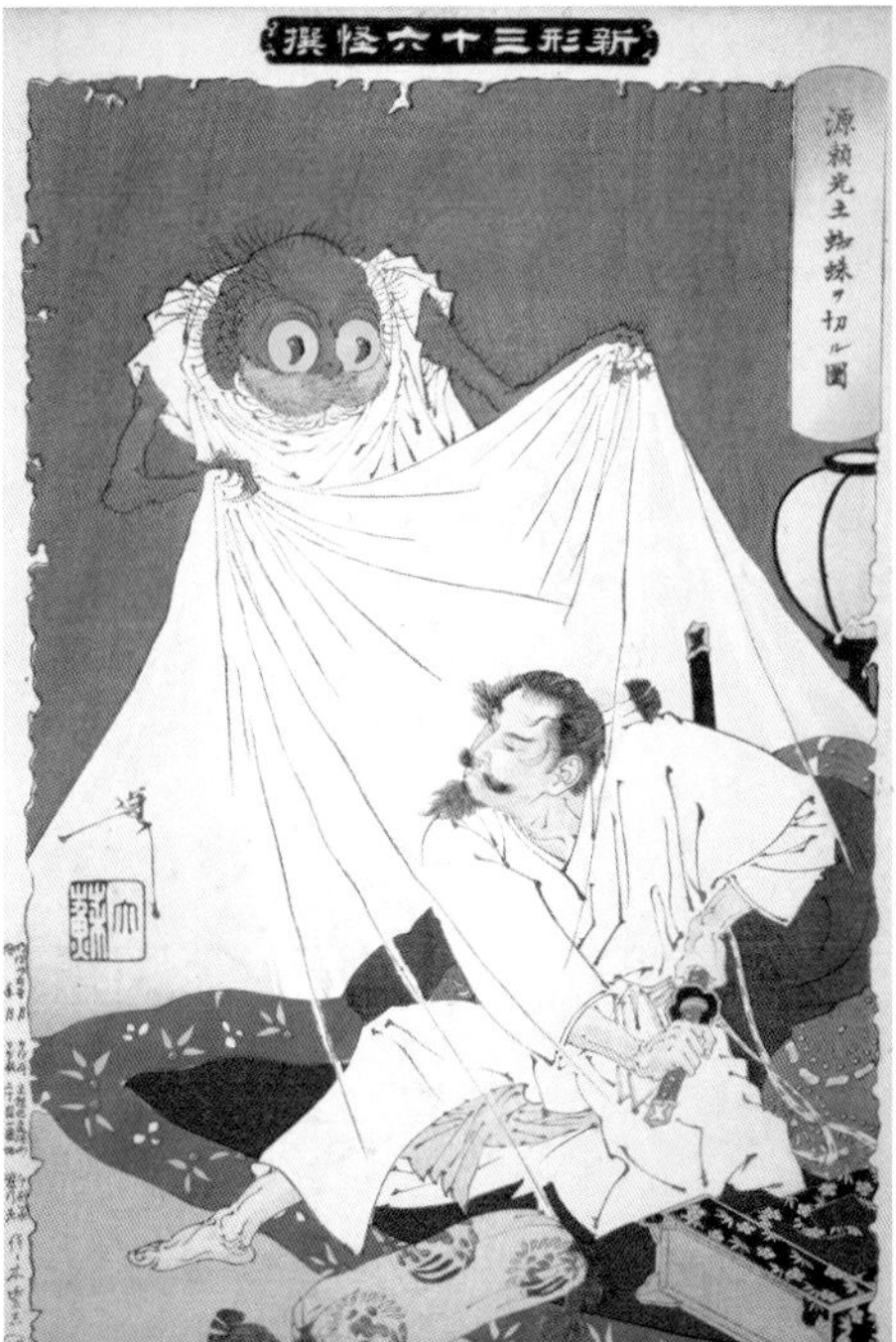

『新形三十六怪撰　源頼光土蜘蛛ヲ切ル図』（部分）月岡芳年画。（東京都立中央図書館特別文庫室所蔵）

産女・柳女

うぶめ・やなぎおんな

赤ん坊を抱いてくれと頼む母親の妖怪

抱いてくれたお礼に大力をさずける

「産女」は赤ん坊を産むときに、それがもとで死んだ女の人が化けて出てくる妖怪で、いつも赤ん坊を抱いています。「ウグメ」といったり、「姑獲鳥」という字を当てたりします。

『今昔物語』には、源頼光の四天王の一人の卜部季武が、肝試しに産女を見に行った話が書かれています。

季武が川の渡し場に行くと、産女が出てきて赤ん坊を抱いてくれといいま

姑獲鳥　『画図百鬼夜行』鳥山石燕画。（東京藝術大学附属図書館所蔵）

す。季武が恐ろしいのをがまんして抱いてやると、今度は返してほしいと頼みます。ところが、勇気のある季武は赤ん坊を返さずに、そのまま抱いて帰ってしまいました。家に着いてよく見ると、抱いているのは、なんと木の葉だったというのです。

各地に、産女の話がありますが、よく伝えられる話は次のようなものです。

産女は橋や辻や渡し場にあらわれ、通る人に子どもを抱いてくれと頼みます。あずかって抱いているうちに、その子どもはだんだん重くなって下ろすこともできず、抱いた人は身動きできなくなってしまうのだそうです。思わず「南無阿弥陀仏」ととなえると、産女がもどってきて、「おかげさまで、この子はこの世にもどることができました」と礼をいって去るといいます。

気づいてみると、その子は石だった

うぶめ　『百怪図巻』佐脇嵩之画。（福岡市博物館所蔵）

り稲わらを打つ槌だったりします。産女があらわれたときは、「これはおまえの親だ」といって、はいている草履を投げつけるとよいとも、子どもを抱くときは手袋をしていると助かるともいわれています。

さらに、産女は、重いのをがまんして抱いていた男をたいへんな力持ちにしたという話も伝わっています。

柳女　『絵本百物語』竹原春泉画。（湯本豪一記念日本妖怪博物館〈三次もののけミュージアム〉所蔵）

産女が人に子どもをあずけようとするのは、自分は死んでも子どもだけはこの世に生かしたいという、子を思う母親の心のあらわれなのです。男が子どもを抱いて力持ちになるというのは、女性が出産にともなって出す大きな力を、子どもを抱いてくれた人にお礼として与えたことを意味していると考えられます。

ヤナギの木の精

ヤナギの木は、そのしなやかな形から、女の人にたとえられます。ヤナギの木の精も女の人です（三七ページ参照）。ヤナギが風になびくようすが幽霊の手つきのようなので、風の吹く夜にヤナギの木の下を通って揺れる枝で顔をなでられたりすると、それはヤナギの精のしわざだと恐れ、「柳女」、「柳婆」などと呼んで妖怪と考えたのです。

ある若い女が、風がはげしく吹く日に赤ん坊を抱いてヤナギの木の下を通りかかると、枝が縄のように女の首に巻きついて息ができずに死んでしまいました。

女はそれをうらんで、ヤナギの木の下に毎晩出てきて、「うらめしのヤナギや」と、さめざめ泣いたというのです。

雪女

白い着物の女の姿であらわれる雪の精

雪女　『画図百鬼夜行』鳥山石燕画。
（東京藝術大学附属図書館所蔵）

雪の降る夜にあらわれる青白い顔の女

北国では、冬のあいだは雪に降り込められて、農作業をすることもできません。吹雪で旅人が亡くなったり、屋根に積もった雪で家がつぶれたり、人々は雪の害に悩まされます。

多くの人たちが雪を恐れ、雪の降る夜、「雪女」という妖怪があらわれると信じました。青森県、岩手県、福島県では「雪おなご」、秋田県では「雪女郎」、「雪婆」、山形県や新潟県では「雪女郎」、長野県では「雪おんば」などと呼びます。

雪女は顔が青白く、白い着物を着て、さわるととても冷たい雪の精です。子どもを抱いていて、その子を抱いてくれるように頼み、その声にさそわれて子どもを抱くと、凍え死んでしまうといわれています。

若い娘となって嫁入りした雪女

もとイギリス人で、日本で英文学を教えた小泉八雲（本名ラフカディオ・ハーン　一八五〇〜一九〇四）の書いた『怪談』のなかに、東京の農民から聞いた雪女の話があります。

山から帰る途中でひどい吹雪にあった二人の木こりが、川のそばの小屋で一晩を過ごそうとしました。二人ともうとうとしていましたが、若い木こりの巳之吉がふと気がつくと、年寄りの木こりの上にかがみ込んでいる女の人がいます。それは美しいけれども恐ろしい目をした女で、「おまえは若いから助けてやろう。でも、このことはだれにも話してはいけない」と命じます。年寄りの木こりのほうは死んでしまい、巳之吉だけが次の朝に助けだされまし

雪女　『化物尽絵巻』北斎季親画。
（国際日本文化研究センター所蔵）

た。

翌年、巳之吉は美しくて気立てのよいお雪という娘と結婚し、やがて子どもが十人も生まれました。二人は幸せに暮らしていましたが、女房がいつまでたっても美しいので、ある晩巳之吉は、「昔、おまえとそっくりの女がいて、こんなことがあったんだ」と、吹雪の晩のことをお雪に話して聞かせました。するとお雪はたちまち恐ろしい顔になって、「話してはいけないといったはずなのに」といって、そのまま消えてしまったということです。

雪女　『古今百物語評判』。（富山大学附属図書館所蔵）

雪女も神さまが姿を変えたもの

柳田国男の『遠野物語』に、岩手県遠野では一月十五日の小正月の夜や冬の満月の夜に、雪女が子どもをたくさん連れて遊びに来るといういい伝えがある、と書かれています。

村の子どもたちの冬の楽しみは橇遊びですが、あまりにおもしろいので、夜になるまで遊んでしまうことがあります。しかし、小正月の夜だけは、雪女が出るから早く帰るように、といわれていたそうです。

小正月には、その年の豊作をもたらす年神さまが、ふつうの人とは違った姿であらわれると昔の人は考えていました。秋田県に伝わるナマハゲの鬼がその代表的なものです。そして、この雪女もその一つなのです。吹雪の夜にやって来た白い着物の娘を泊めてやると、次の朝には娘の姿はなく、ぬれた布につつまれた金の塊だけがあったという話も伝わっています。この話からも、遠野地方では雪女を訪ねてくる神だと考えていたことがわかります。

青森県の一部では、雪女は正月三日に里に下りてきて、最初の卯の日に山に帰るとされています。この雪女がいるあいだは一日に三千三百の稲の苗が枯れるので、卯の日のおそい年は不作だとされています。ここでも、雪女は、決まった日に山から里にやって来て、また山へ帰って行くものだと考えられています。これは、「山の神」と同じと考えられます（四九ページ参照）。

和歌山県で「雪坊」と呼ばれる子ども姿の妖怪は、雪の上に一本足の足あとを残していきます。徳島県では、これを「一つ足」、「一本足」とも呼んでいて、十二月二十日の「果ての二十日」にあらわれるといいます。これは「一つ目小僧」と共通していて、もとは一つ目一本足の神さまと考えていたのかもしれません（四八ページ参照）。

雪女や雪入道、雪坊などはもとは神さまだったのですが、落ちぶれて、妖怪となったものと思われます。

雪が降るとやって来る雪童子

新潟県には「雪童子」の話が伝わっています。

昔、子どものいない老夫婦が、さびしさをまぎらわせるために毎日雪で子どもの形を作って遊んでいました。ある夜、雪で作った子どもとそっくりの男の子がやって来ました。老夫婦はその子をかわいがって大切に育てましたが、春になるとだんだんやせてきて、とうとういなくなってしまいます。冬になって雪が降ると、その子はまたやって来ました。そのようにして毎年やって来て、だんだん大きくなりましたが、ある年からはもう来なくなりました。

この子は「雪太郎」とも呼ばれ、老夫婦をなぐさめるために神さまがつかわしたのだといいます。

風呂に入ると消えるつらら女

雪国で、つららができるころになるとやって来て、春になると姿を消す色白の女性の妖怪がいます。「つらら女」と呼ばれ、青森県の方言ではつららのことをシガマといい、「しがま女房」と呼ばれています。

昔、秋田県のある村で、吹雪のはげしい晩に夫婦が住む一軒家に、色の白い美しい娘が訪ねてきました。夫婦はこの娘を泊めてやりましたが、次の日も次の日も吹雪が吹き荒れて、娘は帰れません。ある夜、夫婦は風呂を沸かして娘を入れてやろうとしました。なかなか入ろうとしなかった娘ですが、ようやく入ると、今度はいつまでも出てきません。のぼせたのかと思って見にいくと、娘の姿はなく、湯ぶねには髪にさしていた櫛が浮かんでいて、湯気がつららとなっているだけでした。この娘こそつらら女だったといいます。

見越し入道

見上げれば見上げるだけ大きくなる坊主頭の巨人

先に声をかけると消えうせる入道

初めは小さくても、見れば見るほど大きくなる「見越し入道」という妖怪がいます。愛媛県では「伸び上がり」、新潟県では「見上げ入道」、愛知県では「見越し入道」、「入道坊主」、広島県や山口県では「次第高」などと呼びます。

柳田国男の『遠野物語』にも、「ノリコシ」という名で出てきます。それは影法師のようなもので、初めは小さくなって消えてしまうといわれています。

愛知県では、初めは一メートル足らずの小坊主ですが、やがて三メートル以上もの大入道になるという妖怪の話が伝えられています。それを見たときは、こちらから「見ていたぞ」と先に声をかければ助かり、反対に向こうから声をかけられると死んでしまうといわれています。

新潟県佐渡の見上げ入道は、ずんずな坊主頭であらわれ、よく見ようとすると、たちまち屋根より大きくなってしまいます。こういうときは見上げないで下へ下へと見下ろしていくと、小

見越　『画図百鬼夜行』鳥山石燕画。
（スミソニアン・ライブラリー所蔵）

見越し入道　『百怪図巻』佐脇嵩之画。（福岡市博物館所蔵）

ん大きくなっていって、さらに見上げていくと、こちらがあお向けに倒れてしまいます。気がついたときは、すぐに「見上げ入道見越したぞ」といって前にうつ伏せになると、姿を消すのだそうです。

長崎県の壱岐では、夜道を歩いていると頭の上で笹が揺れるような音がして、そのまま通り過ぎようとすると、竹が倒れてきて下敷きになって死んでしまうといわれています。これも見越し入道のしわざで、「見越し入道見ぬいたぞ」というと助かり、入道は姿を消してしまうといいます。

大入道の正体は？

福島県では入道坊主、見越し入道と呼び、その正体は鼬だといわれています。また、入道坊主は急に人の肩の上

見越　『宿直草』。
（富山大学附属図書館所蔵）

入道　『とう尽くし画帖』河鍋暁斎画。
（河鍋暁斎記念美術館所蔵）

尼入道『夭怪着到牒』（部分）北尾政美画。（東京都立中央図書館特別文庫室所蔵）

三つ目入道　『新形三十六怪撰　おもゐつゞら』月岡芳年画。（静岡県立中央図書館所蔵）

高女　『画図百鬼夜行』鳥山石燕画。見越し入道のように、急に背が高くなる妖怪といわれる。（東京藝術大学附属図書館所蔵）

見越し入道　『夭怪着到牒』（部分）北尾政美画。化け物たちの親玉・見越し入道。（東京都立中央図書館特別文庫室所蔵）

に立ったりもするといいます。

このときも見上げれば見上げるほど高くなり、顔を上げたままでいると、のどにかみつかれてしまいます。そのようなときは、手を静かに肩の上に上げ、鼬の足をつかんで地面にたたきつけると退治できるといわれています。

愛媛県の北宇和地方では、これは獺が化けたものといい、地上三十センチぐらいのところをけって歩けば消えるとか、目をそらせば消えるといわれています。

魃・赤舌

日照りのときに出現する怪物

魃　『今昔画図続百鬼』鳥山石燕画。
（スミソニアン・ライブラリー所蔵）

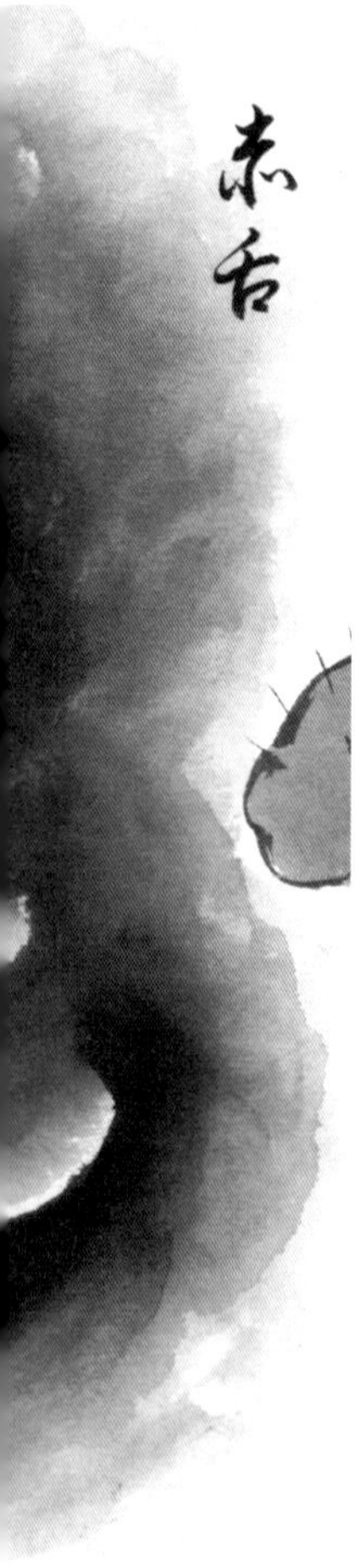

赤舌　『化物尽絵巻』北斎季親画。
（国際日本文化研究センター所蔵）

あらわれると国中が旱魃になる魃

稲を栽培するには、たくさんの水が必要です。しかし、年によっては水が必要な夏に雨が降らず日照りになって、米が実らないことがあります。

「魃」は、「旱母」、「魃鬼」、「旱神」ともいい、日照りを起こす妖怪です。顔は人で、体は獣、手も足も一本で、両目が頭のてっぺんにあって風のように速く走るといいます。この妖怪が出ると日照りになり、草木は枯れて池の水も干上がってしまいます。この魃をつかまえたときは、にごり水のなかにすぐに投げ込めば死んで日照りを防げるといわれます。

いつも赤い舌を出している赤舌

日照りのときに、よその田の水を盗んだりすると、「赤舌」という妖怪があらわれます。赤舌は河童によく似ていますが、頭に皿はなく、体が赤く、いつも赤い舌を出しているといいます。

昔、青森県でひどい日照りの年に、川下の村では田に水が引けず、川上の村に水を分けてくれるように頼みましたが、聞き入れてくれません。下の村の人々は一生懸命に雨乞いをしました。そんなある日、突然下の村にどんどん水が流れてきました。上の村で水門を閉

めても、いつのまにか開いてしまいます。これは赤舌のしわざだといわれたそうです。

茨城県の山奥にすんでいる日照りの神は「日和坊」と呼ばれています。雨の日やくもりの日には姿を見せませんが、晴れると姿をあらわすといわれます。

日和坊　『今昔画図続百鬼』鳥山石燕画。
（スミソニアン・ライブラリー所蔵）

大首

雨上がりにとつぜんあらわれる笑う首

大首　『今昔画図続百鬼』鳥山石燕画。
（スミソニアン・ライブラリー所蔵）

笑う口にはお歯黒が見える

雨上がりで星の出たときなどに、とつぜんあらわれる大きな人間の首が「大首」という妖怪です。長い髪を振り乱して大きく口を開けて笑い、歯にはお歯黒をつけています。

平安時代末に権力をふるった平清盛が福原（神戸市兵庫区）に都を移したときには、約二メートルもある大きな首が屋敷の塀の上から笑いかけたと伝えられています。

屋敷にあらわれる侍の大首

江戸時代中ごろに出版された『夭怪着到牒』には、屋敷にあらわれた侍の大首が描かれています。

ある荒れ屋敷で、侍たちが夜の番をしていたところ、夜もふけてついうとうとと居眠りをしてしまいました。そこへ襖を開けて大きな侍の首があらわれて、「ご苦労」といい、夜の番の侍たちをおどろかせたといいます。

轆轤首・踊り首

首の妖怪でいえば「轆轤首」「踊り首」も知られています。轆轤首（二〇〇ページ参照）は人間の首がしだいに伸びて飛行する妖怪で、丑三つ刻の夜、家の女房の首が抜け出て、夜の空を白い筋を曳いて伸び、夜明けになるともとに戻るという話が、『古今百物語評判』に書かれています。

また、人間の首が踊るように浮遊する話が語り伝えられました。昔、鎌倉の三人の武士が伊豆の真鶴ケ崎で口論し、ついに三人とも首を切られ、その首が夜中になると現われて火を吹いて踊ったという話が『桃山人夜話』に載っています。

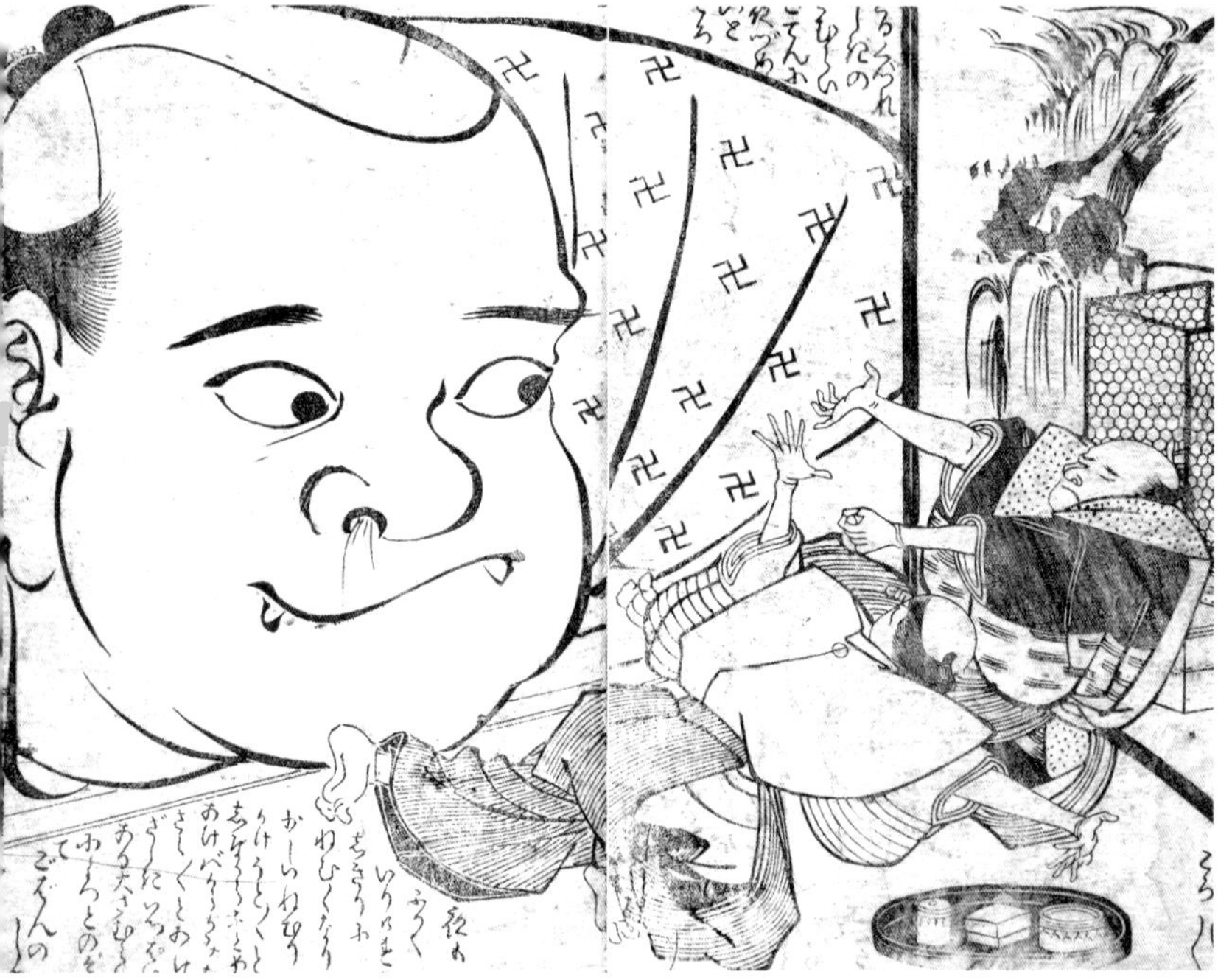

大首　『夭怪着到牒』（部分）北尾政美画。屋敷で夜の番をしているところにあらわれた侍の顔。（東京都立中央図書館特別文庫室所蔵）

鎌鼬（かまいたち）

とつぜん鎌で切ったような傷を負わせる怪

血も出ないし痛くもない切り傷

道を歩いていて、とつぜんつむじ風が起こり、鎌で切ったような傷を受けることがあります。切られたところからは血も出ないし、痛くもないというのが特徴です。

これは、怪獣のしわざとも、つむじ風が吹いて空気中にできた真空の部分にふれて起こるとも、行き場所がなくさまよっている悪霊のしわざではないかともいわれ、「鎌鼬」と呼ばれています。この現象は新潟県や長野県、秋田県に多く伝えられていますが、武士や遠くからやって来た旅人は被害にあわないそうです。

長野県では、足で暦を踏むと旋風とともにあらわれ、人を切って生き血を吸うといいます。新潟県の弥彦山と国上山のあいだの黒坂というところでは、つまずいてころぶとかならず鎌鼬にやられるそうです。

岐阜県の山間の村では、連れだった三人の神さまのしわざだといわれていて、先頭の神さまが人を倒し、二番目の神さまが刃物で切り、三番目の神さまが薬をつけて去っていくのだそうです。

野鎌とも呼ばれる

高知県では、「野鎌」とも呼びます。北部の山間部では新しい墓を建てると、その上に鎌を立てておく風習があります。その鎌の魂が集まって行進しているところに出会うと切り傷を負い、それは野鎌にやられたからといわれています。南部の海岸では、突風が吹いて、人は気絶しますがすぐに正気をとりもどします。しかし、そのときにはもう、着物と脚絆とのあいだに骨まで達するほどの深い傷を負っているといいます。ただ血も出ず痛みもありません。古い暦を燃やした真っ黒な灰をつけると、傷が早くなおるともいわれています。

窮奇　『画図百鬼夜行』鳥山石燕画。（スミソニアン・ライブラリー所蔵）

かたわぐるま・わにゅうどう・おぼろぐるま

片輪車・輪入道・朧車

走りまわっては人々を恐れさせる車輪のお化け

子どもをさらう片輪車

「片輪車」は車輪が一つだけで、炎につつまれて走り、なかには女の人が乗っているという妖怪です。江戸時代の各地のふしぎな話を集めた『諸国里人談』という本には、次のような話が記されています。

現在の滋賀県のある村に、毎晩ゴロゴロと音をたてて通る車がありました。この車に出会うと気絶するといわれていたので、夜になるとだれもが家に閉じ込もって見ようとはしませんでした。

ところが物好きな女の人がある夜、車の音が近づいてくるので戸のすき間からのぞくと、一人の美女が乗る炎につつまれた片輪車が走ってくるのが見えました。車が行ったあとで部屋にもどると、寝ていた子どもがいなくなっています。女の人はたいへん悲しんで、「私が悪かったのです。車よ、何もわからない子どもをかくさないでください」という内容の歌を紙に書いて戸口にはっておきました。すると次の夜に、また片輪車がやって来て、「なんと心のやさしい人でしょう。それならば子

朧車　『百鬼夜行絵巻』。(京都市立芸術大学芸術資料館所蔵)

どもを返しましょう」という女の声がして、子どもが投げ込まれたというのです。これと同じ話が長野県にも伝わっています。

輪入道と朧車

「輪入道」は、炎につつまれた片輪の軸にひげづらの大きな男の首がついたもので、自由に町のなかを走りまわっていて、これを見た人は魂を奪われてしまうといいます。

「朧車」は、月がかすんでぼんやり見える朧月夜に京都の賀茂の大通りをかけぬける牛車の妖怪です。夜、車輪のきしむ大きな音をたてながら走るその車には、大きな恐ろしい表情をした人の顔がついています。

この妖怪は、平安時代の『源氏物語』に描かれる話がもとになっているようです。葵上との祭り見物の牛車の場所取りあらそいに敗れた六条御息所のうらみが、妖怪となってあらわれたのだといわれています。

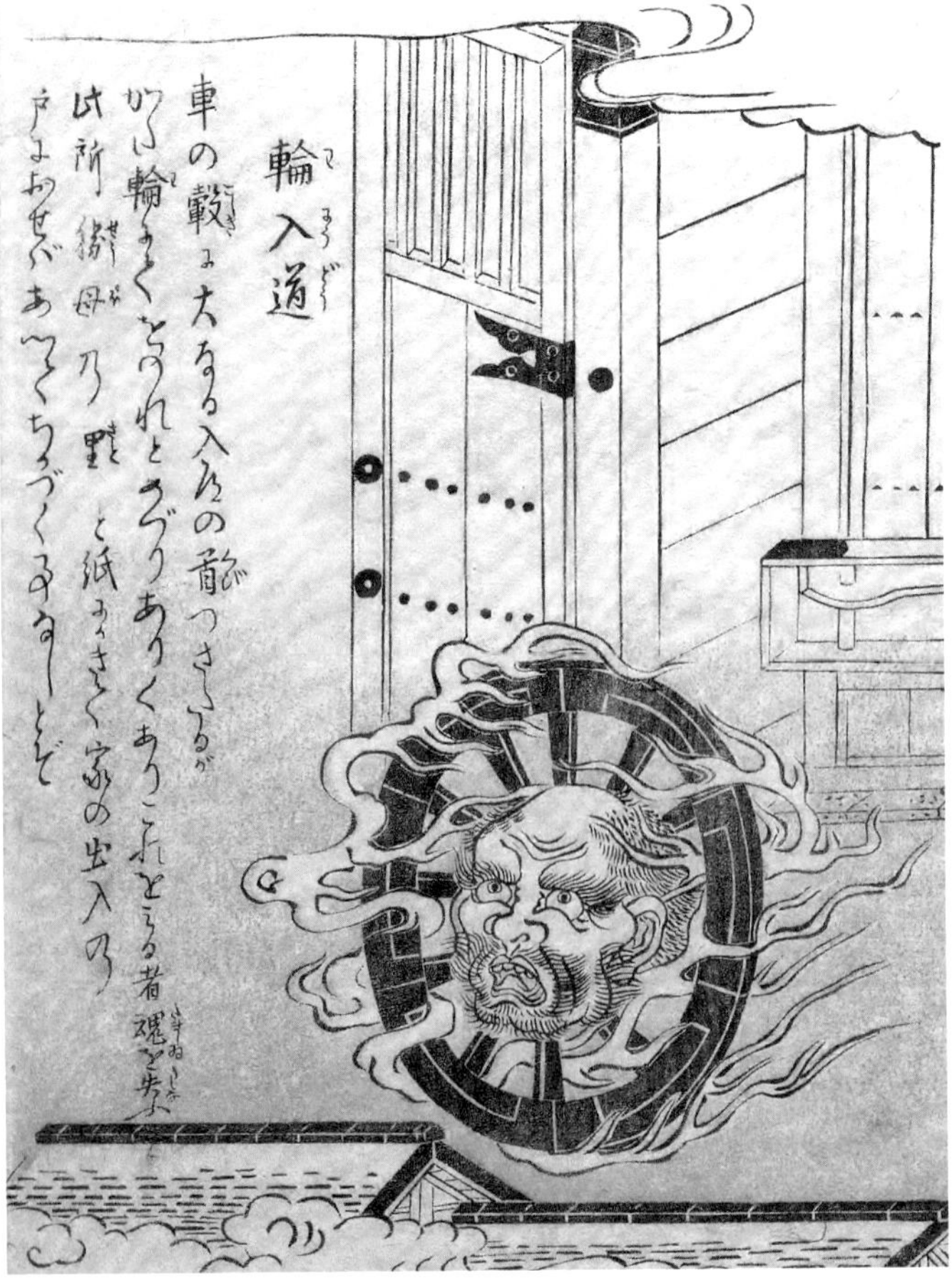

輪入道　『今昔画図続百鬼』鳥山石燕画。（スミソニアン・ライブラリー所蔵）

朧車　『今昔百鬼拾遺』鳥山石燕画。（スミソニアン・ライブラリー所蔵）

車めぐり　『夭怪着到牒』（部分）北尾政美画。女の頭が車輪となって、口から炎を出している。（東京都立中央図書館特別文庫室所蔵）

片輪車　『今昔画図続百鬼』鳥山石燕画。（スミソニアン・ライブラリー所蔵）

ぬりかべ・のぶすま

塗り壁・ノブスマ

夜道に立ちはだかり、人の行く手をさえぎる

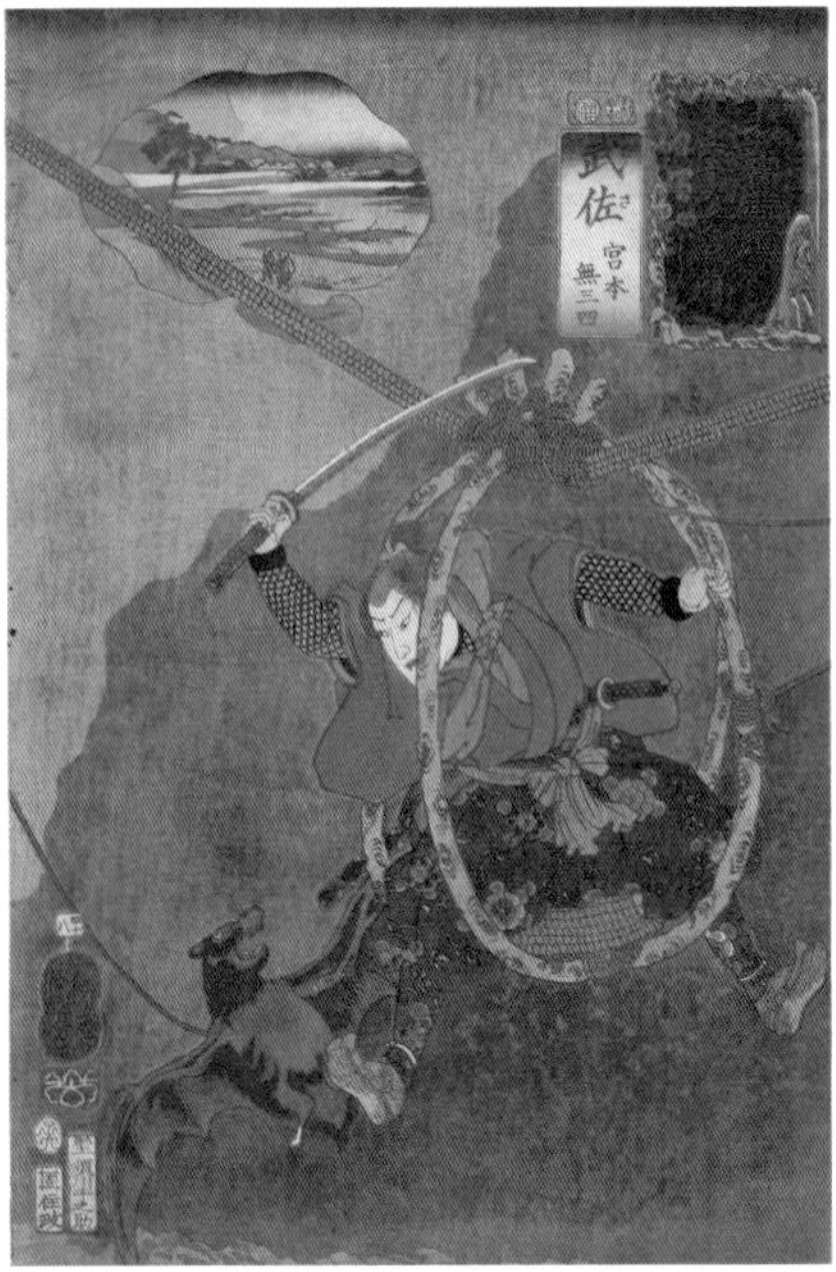

野衾『木曾街道六十九次之内　四十八　武佐　宮本無三四』歌川国芳画。（東京都立中央図書館特別文庫室所蔵）

道をふさぐ大きな壁

福岡県北部の海岸地方では、夜道を歩いていると、急に行く手に壁ができて進めなくなることがあるといわれています。この妖怪は「塗り壁」といって恐れられていましたが、棒で下のほうをはらうと消えてしまうといいます。

長崎県の壱岐地方でも同じような妖怪があらわれ、「塗り坊」と呼ばれています。

高知県では、戸や襖のように行く手に立ちふさがり、どこまでもはてしなく、刀で切っても鉄砲でうっても消えない「ノブスマ」という妖怪があらわれます。この妖怪が出ても、あわてずにどっかりと腰をおろしてたばこを吸っていれば、やがていなくなってしまうといいます。

飛んできて人の顔をおおう妖怪

新潟県の佐渡では単に「フスマ」と呼ばれ、夜中に大きな風呂敷のようなものが飛んできて人の頭をつつんでしまい、どんな名刀でも切ることができなかったといいます。ところが、お歯黒をした歯でかみ切れば、簡単に退治することができたそうです。このため、佐渡地方では、フスマに対する用心のため、男にもお歯黒の風習があったといいます。

東京都では、同じように「ノブスマ」と呼ばれる別の妖怪があらわれます。それは動物のムササビやコウモリのようなもので、飛んできては人の目や口をおおう妖怪だといわれています。

のぶすま　『化物尽絵巻』北斎季親画。（国際日本文化研究センター所蔵）

目や口をふさぐ野鉄砲

また、「野鉄砲」という妖怪もいます。この妖怪は、道を行く人の顔に息を吹きつけて、吹きつけられた人は目や口をふさがれて立ち往生すると伝えられています。

別の説では、北国の深い山にすむ獣で、人を見かけるとコウモリのようなものを吹き出して、目や口をふさいで息を止め、人を取って食うといいます。

野衾　『今昔画図続百鬼』鳥山石燕画。（スミソニアン・ライブラリー所蔵）

野鉄砲　『絵本百物語』竹原春泉画。（湯本豪一記念日本妖怪博物館〈三次もののけミュージアム〉所蔵）

ずんべらぼう

ずんべらぼう

顔に目も鼻も口もなく、人をおどろかす

ぬっぺっぽう　『画図百鬼夜行』鳥山石燕画。（スミソニアン・ライブラリー所蔵）

ヌッとあらわれる目鼻のない男の妖怪

顔に目も鼻も口もない妖怪がいて、「ずんべらぼう」、「のっぺらぼう」、「ぬっぺっぽう」などと呼ばれています。

昔、青森県の弘前に與兵衛という男がいて、隣り村の友達のところで酒を飲み、きげんよく歌をうたいながら夜道を歩いて帰りました。自分よりよい声でうたいながら来るものがいるので、「だれだ」というと、相手も「だれだ」といって、ヌッと目の前にあらわれました。

その顔を見るとずんべらぼうです。びっくりぎょうてんして、一目散にさっきの友達のところに逃げ帰り、「ずんべらぼうに出会った」と話しました。

すると友達は、「それはこわかったろう。こんな顔だったか」と顔を近寄

ぬぺっぽう　『百怪図巻（ひゃっかいずかん）』佐脇嵩之（さわきすうし）画（が）。
（福岡市博物館所蔵　画像提供：福岡市博物館 / DNPartcom）

せました。するとその顔は、さっきのずんべらぼうです。與兵衛は、アッと叫んだきり息を引きとったといわれています。

口だけがあるお歯黒べったり

ところが、口だけはある女のずんべらぼうがいます。夕方の薄暗くなったところに、美しい着物、ときには花嫁衣装を着てあらわれ、袖で顔をかくしています。人が声をかけると振り返って顔を見せますが、その顔はのっぺらぼうで、口を開けてニタニタと笑います。そして歯にはべったりとお歯黒がぬられています。

お歯黒は、ふつう結婚した女の人が歯を黒く染める昔の風習ですが、目も鼻もない白い顔が、黒い歯でニタニタと笑うのはどんなに不気味なことだったでしょう。これを見た人は、腰をぬかして気を失ってしまいます。この妖怪は、「お歯黒べったり」と呼ばれています。

歯黒べったり　『絵本百物語』竹原春泉画。（川崎市市民ミュージアム所蔵）

たてくりかえし

タテクリカエシ

山道をころがってくる槌のような胴体

目鼻手足はなく、人を取って食う

夜道を歩いていると、突然向こうからスットンスットンと音をたててころがってくる横槌のような妖怪に出会うことがあるといいます。横槌は、円筒に柄のついた木の槌で、筒の側面でわらなどを打ってやわらかくするのに使う道具です。これを新潟県では「タテクリ」、岡山県では「テンコロ」といいます。ころがってくるこの妖怪にぶつかった人は引っくり返ってしまうので、「タテクリカエシ」、「テンコロコロバシ」、「ツチコロビ」などと呼ばれます。

タテクリカエシは急に方向を変えることができないので、来るのが見えたら、じっと動かずにいて、ぶつかりそうになる寸前に身をかわせばよいといわれます。

これと同じものは「ノヅチ」とも呼ばれ、古く平安時代の書物にも、「野槌は、深い山のなかにしかいない。大きいが、目鼻手足はなく、口だけあって人を取って食うといわれる」と書かれています。

野の神「ノヅチ」

このように妖怪と信じられているタテクリカエシやノヅチは、「槌の子」とも考えられます。槌の子は、胴の太い想像上の蛇の一種ですが、現代でもときどき発見したという騒動が起こります。しかし、「ミズチ」が水の霊であるように、「ノヅチ」は単に野の霊（野の神）という意味であるという意見も一般的です。

野槌　『今昔画図続百鬼』鳥山石燕画。（スミソニアン・ライブラリー所蔵）

つるべおろし

釣瓶下し

木の上から急に下りてくる妖怪

満腹になると しばらくは出ない

大きな木の下を通ると突然下りてくる、「釣瓶下し」という妖怪がいるといいます。昔は井戸の水をくむのに、撥釣瓶といって、柱の上に横木を渡し、その端に水をくむ桶をとりつけ、他方の端に石をつけ、石の重みで水をくむ装置を使いました。この妖怪が急に上から下りてくる釣瓶の動きに似ているところから、この名がつけられたようです。近畿、四国、九州地方に釣瓶下しの話が多く伝わっています。

現在の京都府で、昔は丹波といっていた地域には特によく出たといわれています。ある村に大きなカヤの古木があって、夜になると「夜業すんだか、釣瓶下ろそか、ギイギイ」といいながら下りてくるものがあると評判になって、人々はめったにそこを通りませんでした。

また別の村では、田んぼのなかの一本松にあらわれました。この松は与力松とも呼ばれていて、夕方になるとこの松の木の上から首が下りてきて、歩いている人を引っ張り上げて食べてしまうといいます。そして、食べられた人の首がドスンと落ちてきて、多いときには五つも六つも落ちてきたそうです。釣瓶下しは満腹になるとしばらくは出ませんが、おなかがすくと、またあらわれて人を食べるといわれます。

また、別の村の小寺という寺に大きな松の木があって、昔はツタが巻きついて長くたれ下がり、気味の悪い古木でしたが、この木にも釣瓶下しが出るといって怖がられたといいます。

やかんが下りてくる ヤカンヅル

京都府では、雨の夜に大きな木からまりのような火の玉が下りてきて、それを「釣瓶火」といいました。高知県では、「茶袋下がり」というものが薄気味の悪い道にあらわれ、これに出会った人は病気になるといわれています。

長野県には、釣瓶ではなくやかんが下りてくる「ヤカンヅル」という妖怪が出るといわれますが、この妖怪は人間に大きな危害を加えなかったようです。

みのび

ミノ火

人里に出現する怪しい火

着きているものにつくミノ火

夜に墓地などで青白い火の玉が空中をただようことがありますが、それは「人魂」、「鬼火」などと呼ばれます。また、天狗や狐も怪しい火を出し、「天狗火」、「狐火」、「狐の提灯」などと呼ばれます。

小雨の降る晩に、突然怪しい火があらわれて、着ている蓑の端につくことがあるといういい伝えがあります。これは「ミノ火」といって、火なのに熱くはありませんが、はらえばはらうほ

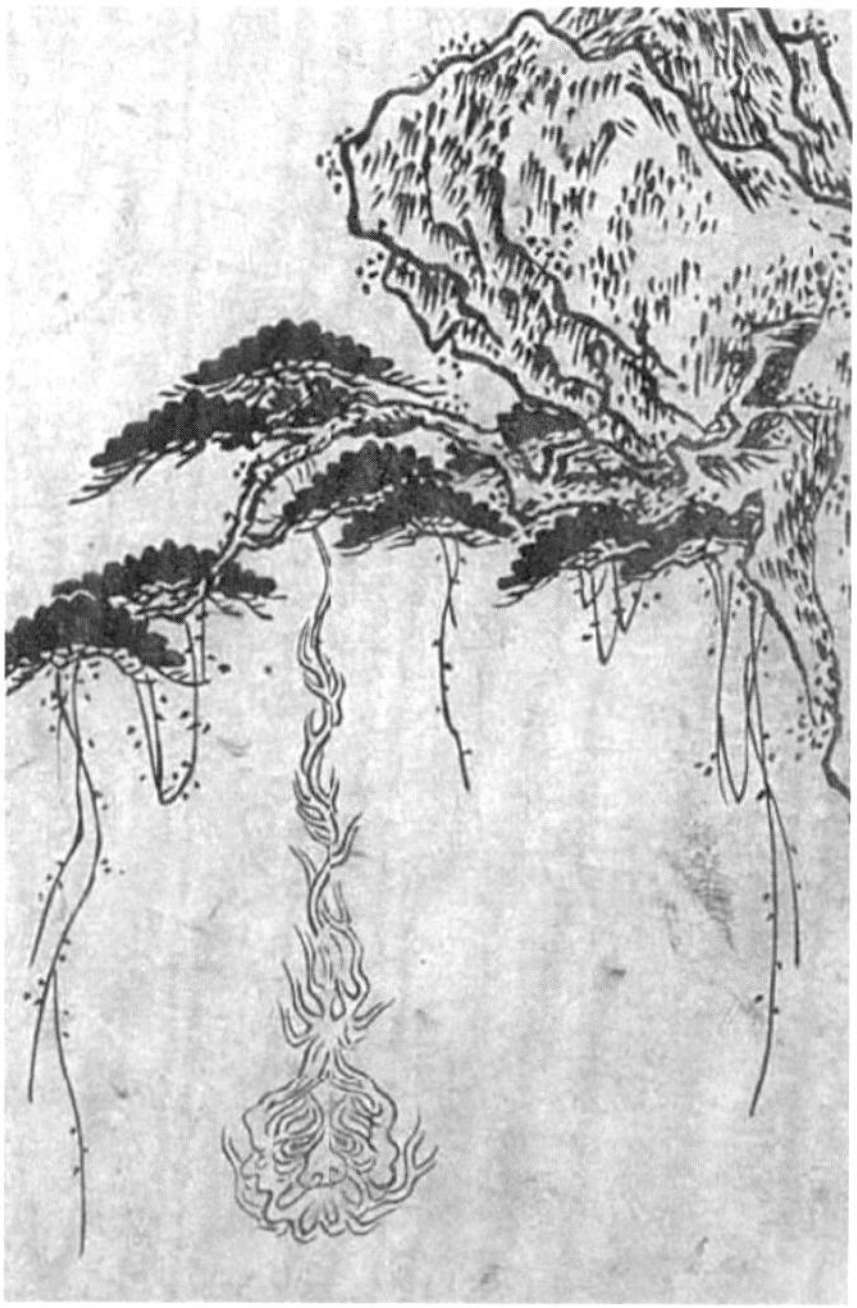

釣瓶火『画図百鬼夜行』鳥山石燕画。
(東京藝術大学附属図書館所蔵)

狐火『画図百鬼夜行』鳥山石燕画。
(スミソニアン・ライブラリー所蔵)

ど勢いが強くなって、全身をつつんでしまうといいます。新潟県の信濃川流域に多くあらわれ、「ミノボシ」ともいって、おおぜいで歩いていても、一人にだけついてほかの人にはめったに見えないといいます。これらは鼬のしわざだといわれます。

雨の夜道を行くと笠に大きなしずくがたれ下がり、それを手ではらっても別の場所に火のようになってたれ下がって、次から次へとふえて目をくらませるという話が福井県に伝わっています。この火は「ミノムシ」と呼ばれ、大工と石屋にはつかないといいます。

老人の火　『絵本百物語』竹原春泉画。（湯本豪一記念日本妖怪博物館〈三次もののけミュージアム〉所蔵）

秋田県の仙北郡地方では、火ではありませんが、やはり蓑や笠に光りものがつくといいます。それは寒い晴れた日に蓑や笠の端についてキラキラと光るもので、いくらはらっても消えることがないといいます。ここでは「ミノモシ」と呼んでいます。

長野県と静岡県の県境には、「老人の火」というものがあらわれるといいます。雨の日に出てくることが多く、人間には害を加えませんが、おどろいて逃げたりすると、どこまでもついてきます。これに出会ったときは、はきものを頭に載せるとよいといわれています。

じゃんじゃんび・てんか

ジャンジャン火・天火

怨霊が火となって飛びまわる

長い尾を引く怨霊の青い玉

奈良の法華寺の近くにセンダンの古木があります。この木と、南のほうの佐保川の高橋堤にはえていたセンダンの木の両方から「ジャンジャン火」が出て、合戦をしたと伝えられています。長い尾を引いた青い玉となって、雨の降る日によくあらわれたということです。よく見ると火のなかに男の顔が見え、それは奈良時代にうらみをいだいて死んだ貴族の怨霊なのだそうです。この火を見たために、高熱を出して死んだ人もあったと伝えられています。

叫ぶと飛んでくる火の玉

奈良県橿原市の十市城には、ほろぼされた十市氏のうらみが残っていて、この城跡に向かってホイホイと叫ぶと、城跡から火の玉が飛んできて、ジャンジャンとうなりをあげて消えるといいます。これを見た人は、二、三日は熱に浮かされるのだそうです。これは、「ジャンジャン火」あるいは「ホイホイ火」と呼ばれています。

病気や火事を引き起こす天火

九州地方の熊本県、佐賀県、長崎県などでは、こうした火のことを「天火」といっています。この火は提灯ぐらいの大きさで、飛ぶときはシャンシャンと音を出すといいます。この火が家に入ると病気になるというので、家の人は鉦をたたいて追い出します。屋根に落ちると火事になるともいいます。

また、この火が近づいてきたら、念仏をとなえながら追いまわすと逃げていくので、そのまま村はずれまで追っていけば、そのうち草のかげにかくれてしまうなどともいいます。

これらの怪しい火の話は各地に伝えられていて、すべてうらみをいだいて死んだ人の怨霊、つまり人の霊の火なのです。人が死ねばかならずその体から霊の火が出て、それが怨念のために燃えると、その火のなかに幻の姿をあらわすと人々は意識していたのです。

天火『絵本百物語』竹原春泉画。（湯本豪一記念日本妖怪博物館〈三次もののけミュージアム〉所蔵）

やぎょうさん・くびなしうま

夜行さん・首無し馬

首のない馬に乗って夜あらわれる

夜行日という特別の日には、「夜行さん」が首のない馬に乗って道をうろついているといわれます。

「夜行」というのは、初めは神祭りのときに神さまが姿をあらわすことを意味していました。「夜行日」というのは、もとは節分や大晦日、庚申の日のように、特定の祭りのために身を清める日のことをいいました。しかし、のちには「百鬼夜行日」ともいい、さまざまな妖怪があらわれる日とされるようになりました。正月と二月は子の日、三月と四月は午の日などと、月によって夜行日は決まっていたようです。

徳島県では、節分の夜に夜行さんがひげをはやした一つ目の鬼の姿であらわれ、ご飯のおかずのことを話していると、毛のはえた手を突き出すのだそうです。また、そのほかの夜行日には、「首無し馬」に乗ってうろついていて、これに出会うと投げ飛ばされたり、けり殺されるので、出会ったときにははいている草鞋を頭に載せて、地面に伏せていればよいといわれています。

夜行さんの乗った首無し馬が出るといわれるところは福井県や長崎県などにもあります。また、馬の首だけがあらわれる（「首切り馬」という）地方もあります。

泥田坊

「田んぼを返せ」と叫ぶ目一つの妖怪

北国に、暑い日も寒い日も一生懸命に働いて、子どもたちに田畑を残した老人がいました。ところが老人が死ぬと、その子どもは酒ばかり飲んで、少しも働こうとしません。ついには田んぼを人に売ってしまいました。その老人が、毎晩、目が一つの真っ黒な妖怪となって出てきて、「田んぼを返せ」と叫ぶといいます。これが、妖怪「泥田坊」です。

泥田坊　『今昔百鬼拾遺』鳥山石燕画。
（スミソニアン・ライブラリー所蔵）

しゅのばん

朱の盤

真っ赤な顔をした大皿の妖怪

「朱の盤」は朱塗りの大皿の妖怪です。福島県で、ある夕暮れに若い武士が諏訪神社の前を通りました。すると、同じような若い武士が目の前にあらわれ、先の武士の問いかけに対して、「このような者か」というなり、目は皿のようで額に角がはえた真っ赤な顔の妖怪になったというのです。

朱の盤は新潟県でもあらわれ、顔が赤い大きな坊主だということです。昔、盗人が大金持ちの埋めた金を掘り出そうとしても、この妖怪が出てきて盗むことができなかったそうです。盤は大皿のことです。

ばたばた・べとべとさん

バタバタ・ベトベトさん

姿を見せずに音だけが聞こえる

夜中に、屋根の上や庭先、あるいは村はずれで畳をたたくような音をたてる妖怪がいて、「バタバタ」と呼ばれています。出てくるのは冬の夜だけで、特に北西の風が吹くころにあらわれるといいます。ある人が、この妖怪の正体を見破ろうと音のするほうへ近づいていくと、音は遠ざかり、いつになっても近づけなかったといいます。

広島県の広島城下でもこの音がして、付近には人がさわるとアザができるという石があり、「バタバタ石」と呼ばれていました。この石をもち帰った老人の顔にアザができて、だんだん大きくなりましたが、石をもとの場所にもどすと消えたということです。

今でも静かな夜道を歩いていると、後ろから足音がついてくるような気がすることがあります。奈良県ではこの音を「ベトベトさん」と呼び、聞こえたときには、道の端に寄って、「ベトベトさん、先にお越し」といえば、足音がしなくなるといいます。

そでひきこぞう

袖引き小僧

だれが引っ張るのか着物の袖

「袖引き小僧」は埼玉県によくあらわ

れたとされる妖怪です。夕暮れに道を歩いていると、後ろから着物の袖を引くものがいます。だれだろうと振り返りますが、だれもいません。気のせいかと歩き続けると、またたれかが袖を引きます。これは袖引き小僧のしわざといわれますが、それ以上の危害は加えません。

そろばん坊主

そろばんをはじく音の正体

京都府亀岡市にある西光寺のそばに、カヤの木がありました。夜おそく通ると、坊主姿の男が、その木の下でそろばんをジャンジャラジャンとはじいている音をさせるといい、「そろばん坊主」と呼んでいます。

これは狸のしわざかもしれないといわれますが、昔この寺にいた小坊主が計算を間違えて和尚にひどくしかられ、この木で首をつって死んだので、そのうらみからあらわれるのだともいわれています。

手目坊主

手に目ができた坊主の執念

「手目坊主」は荒れ地の草むらから出

手の目　『画図百鬼夜行』鳥山石燕画。（東京藝術大学附属図書館所蔵）

てくる目鼻のはっきりしない老人で、手のひらに目があって、人を追いかけてきます。昔、もっていたお金を盗賊に全部とられたうえ、殺されてしまった目の不自由な僧の霊が妖怪となったものといいます。

復しゅうの執念から手に目ができ、月夜の晩になるとあらわれたといわれます。

雷獣

雷といっしょに落ちてくる獣姿の怪物

今まで晴れていた空が急に暗くなって、雷鳴と稲妻とともに落ちてくる雷は、昔の人にとってたいへん恐ろしいものでした。雷は「神鳴り」の意味で、雲の上にいる雷神が起こすと信じられていました。その雷神といっしょに下りてくる獣のような妖怪が、「雷獣」です。人や家畜を殺傷したり、木を引きさいたりするといわれています。

新潟県では、前に二本、後ろに四本の水掻きのある足があり、くちばしと尻尾の長さが二十センチぐらいで、こげ茶色をしていたといいます。

長野県では、晴れの日には一日中

雷電　『絵本百物語』竹原春泉画。（湯本豪一記念日本妖怪博物館〈三次もののけミュージアム〉所蔵）

眠っていますが、雷雲がわき起こって山をおおうと、これに乗って高く上り、雲のなかをかけまわって雷といっしょに落ちてくるといわれます。落ちてきたものは猫ぐらいの大きさで、毛は灰色だったと伝えられています。

一反木綿

空中を飛んで首に巻きつく白い布

「一反木綿」は、一反（十メートル余り）ぐらいの白い布が空中を飛ぶ妖怪で、人の首に巻きついたり、顔をおおったりして息の根をとめてしまうといいます。特に夜にあらわれるといいます。

昔、鹿児島県の大隅地方で、あるとき、夜道を急ぐ一人の男の前に、暗闇のなかにヒラヒラしていた白い布がスーッと落ちてきて、男の首に巻きつきました。男はびっくりして、素早く刀をぬいて布を切りました。すると、白い布は消えてしまいましたが、男の手には血しぶきがついていたと伝えられています。

雨女

雨の降る日にあらわれる

雨の降る日は、薄暗く人をなんとなく陰気な気分にします。そんな日はい

雨女『今昔百鬼拾遺』鳥山石燕画。
（スミソニアン・ライブラリー所蔵）

かにも妖怪が出そうな日です。

「雨女」は、長野県下伊那地方で雨の降る日にあらわれたといい伝えられています。この妖怪も雪女と同じように雨の降るときにおとずれる神の落ちぶれた姿と考えられます。

雨降小僧 『今昔画図続百鬼』鳥山石燕画。(スミソニアン・ライブラリー所蔵)

雨降小僧

傘をかぶった雨の神の召使

「雨降小僧」は、雨の神さまである雨師の召使だといわれています。雨の降る日に、柄のない傘をかぶり提灯をもってあらわれるといわれています。

豆腐小僧 『夭怪着到牒』(部分) 北尾正美画。江戸時代の怪談本や絵入り娯楽本に、雨降小僧のような小間使いとして登場する。
(東京都立中央図書館特別文庫室所蔵)

小雨坊

修験道の霊地で物乞いする

「小雨坊」は、雨がしとしとと降る夜に、奈良県の大峯山や葛城山をうろついて、物乞いをして歩くといわれます。

小雨坊　『今昔百鬼拾遺』鳥山石燕画。（スミソニアン・ライブラリー所蔵）

4 屋敷の妖怪

家が新しく建てられると、そこに新しい霊が宿ると信じられてきました。建物が古くなると霊も成長し、怨念の霊がすんでいる化け物屋敷と呼ばれる家もありました。旧家には「ザシキワラシ」、風呂場には「垢なめ」、古い着物には「小袖の手」がいます。かわいらしい「猫」や小さな「鼠」も、化けると恐ろしい妖怪になります。毎日使っている道具にも霊魂が宿り、すてたりすると妖怪になって、私たちをおびやかすのです。

妖怪はいつあらわれるのだろうか

岩井宏實

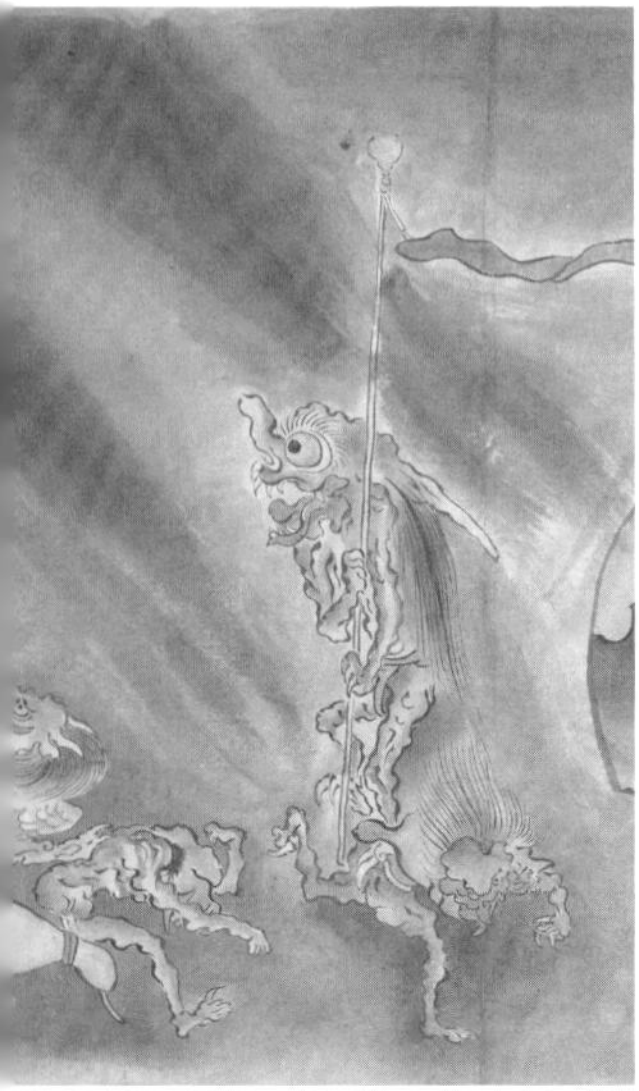

妖怪は、季節や日に関係なく、いつでもあらわれます。それでも、特によく姿をあらわすのが、秋や冬など、太陽の光も弱々しく、あたりのようすがなんとなくもの悲しい感じのする季節です。

また、昔から妖怪がよくあらわれると伝えられる日があって、「百鬼夜行の日」と呼んできました。それは、正月と二月は子の日、三月・四月は午の日、五月・六月は巳の日、七月・八月は戌の日、九月・十月は未の日、十一月・十二月は辰の日です。「子の日」や「午の日」などは、昔の日の呼び名で、十二の動物名を順番に当てはめる言い方です。

そして、地方によっては、特定の妖怪がよくあらわれるとされる日が決まっています。北九州地方では、「山姥」は十二月十三日と二十日によくあらわれるとされ、その日を「山姥の洗濯日」といいます。この日にはかならず雨が降るので、人間は洗濯をしてはならないとされています。

暮れの十三日は「事始め」といって、正月の準備を始める大切な日です。また、奈良県では「果ての二十日」といって、暮れの二十日は「一つ目小僧」や「一本ダタラ」があらわれ、また鬼が自由に活動する日だとされています。

いっぽう、伊豆半島を中心に関東地方では、旧暦の二月と十二月の八日に一つ目小僧があらわれるといわれていま

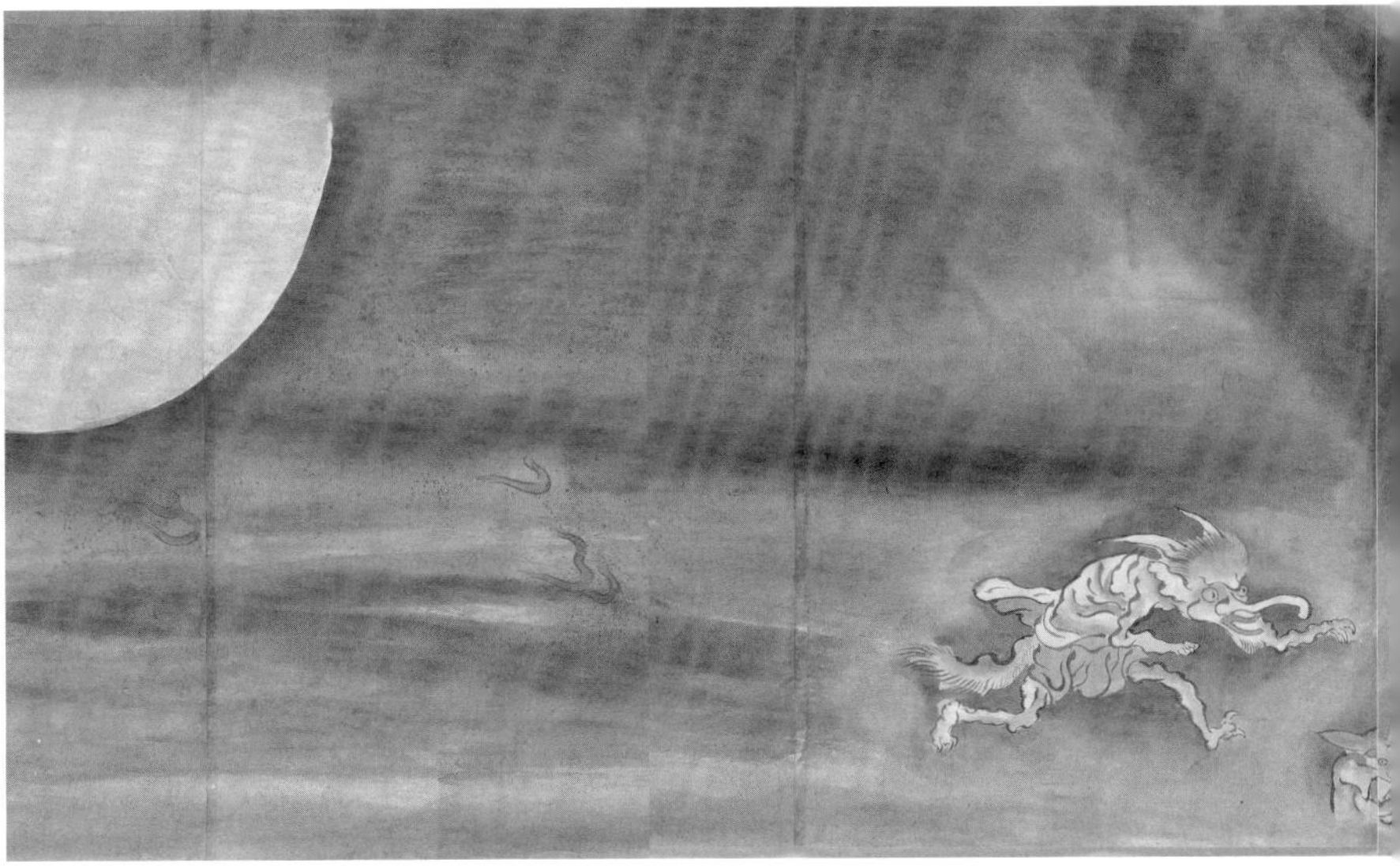

『百鬼夜行絵巻』（国立国会図書館所蔵）。夜明けとともに退散する妖怪たち。

す。この日は「事八日」と呼ばれて、二月八日は「山の神」が里に下りて「田の神」となり、十二月八日には山に帰って山の神となる日だとされています。長野県では、旧暦の二月二十五日は「一つ目の日」といって、この日に山に登ると一つ目小僧に出会うといい伝えられています。

一つ目小僧や一本ダタラは、山の神がこの世にあらわれるときに人間と区別できるように、こうした姿になったと考えられています。

このように妖怪が出現するという日は、なんらかの意味で本来神を祭る日であったともいえるのです。その日は仕事を休み、家にこもって静かに暮らす習慣になっています。

そして、一日のうちで妖怪があらわれるのは、夕暮れどきか明け方が多いといわれています。この時刻は昼と夜の境目の時間で、太陽の照る白日の世界と暗闇の世界が交代する時間でもあります。暗くて人間が妖怪の姿を見ることができなくては、怖がってもらえません。しかし、あまり明るくても、神秘性がなく、恐れおどろいてもらえません。そこで妖怪は、かすかな薄明かりのあるそんな時間に出てくるのです。

化け猫

尻尾の先が二つに分かれて魔力をもつ古猫

『古寺に猫の怪物』歌川国輝画。(静岡県立中央図書館所蔵)

猫は魔性の獣

猫は犬とならんで、家庭でいちばんたくさん飼われているペットです。犬が走ったり跳んだり活発に動いて表情も明るいのに対して、猫は動きが静かでおとなしく、表情にもふしぎな雰囲気があるので、昔から化けたり人にたたったりするといわれてきました。こういうところから、本性をかくしておとなしそうにふるまうことを、「猫をかぶる」と表現します。

猫は人をたぶらかす魔性のものだから、人の死体を盗んでかくすとか、猫が棺桶の上を飛び越すとなかの死人が歩きだすとか、猫に鉄砲の弾を作るところを見せてはならないというようないい伝えが残っています。

尻尾が二つに分かれた猫股

特に年をとった猫は、尻尾の先が二つに分かれ、よく化けて人に害を与える「猫股」になるといわれています。鎌倉時代に吉田兼好が記した随筆集『徒然草』にも、奥山に猫股がいて人を食うと書かれています。

そのようなことから、猫を飼うときは、最初に「二年飼ってやる」とか「三年飼ってやる」というように、期限を決めておかないと古猫になって妖怪になるというのです。期限を決めた猫は期限がくるとどこかへ行ってしまい、殺されたりしないかぎりは、死んだ姿を人間に見せないといわれます。

香川県では、小豆ご飯と魚に赤い手拭いをかぶせて、「もう暇をやる」といえば、猫は出ていくといい伝えられています。

猫また　『百怪図巻』佐脇嵩之画。（福岡市博物館所蔵）

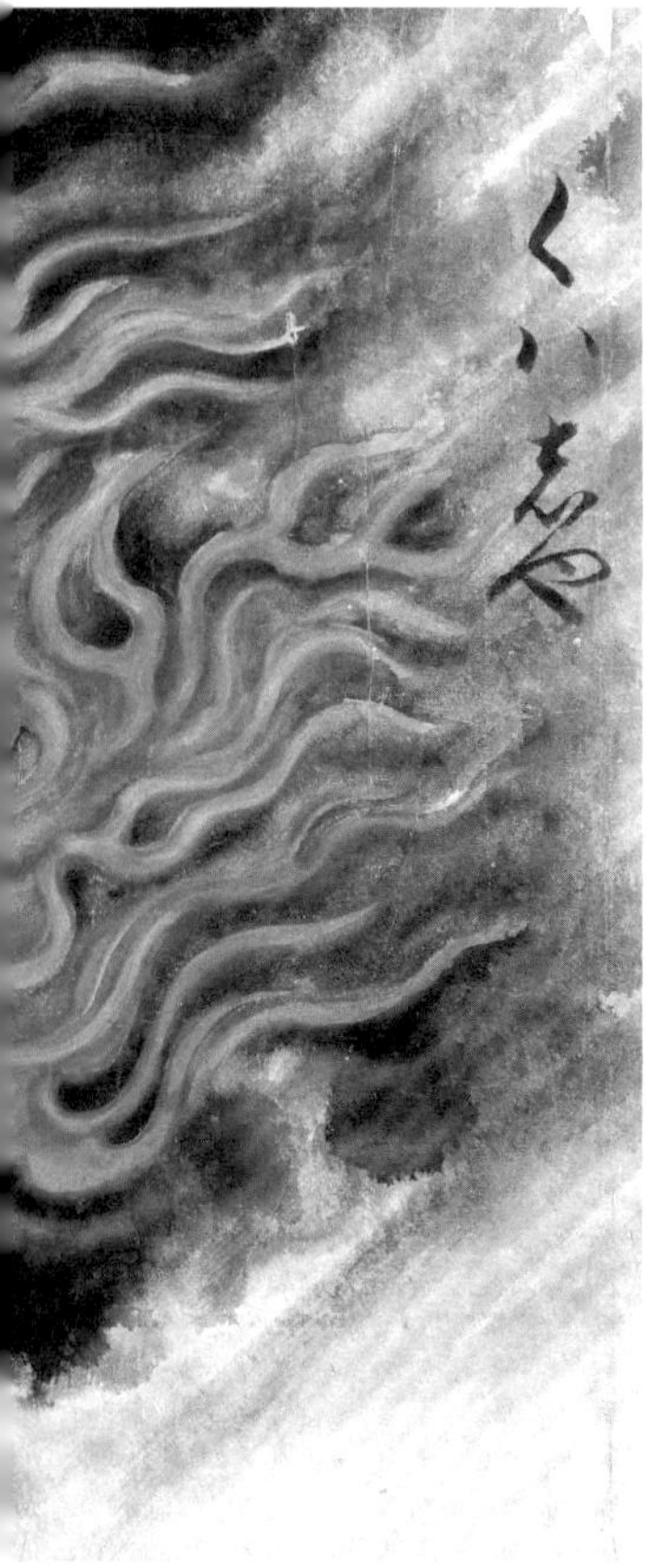

猫また　『画図百鬼夜行』鳥山石燕画。（スミソニアン・ライブラリー所蔵）

猫股にならないためには、子猫のうちに尻尾を切ってしまうといいともいわれます。

昔、新潟県のある武士の家で、毎晩火の玉が飛びまわって、庭のエノキの木に登ったり、寝ているあいだに枕が逆になったり、糸車がまわったりということがありました。

ある日、エノキの木の上に大きな猫が一匹、赤い手拭いをかぶって、尻尾と後ろ足でじょうずに立ち上がり、あたりを見まわしていました。正体をつきとめたいと思っていた主人が矢を射ると、猫はその体にささった矢をかみ切って死んでしまいました。その死骸を見ると、尻尾が二つに分かれた大猫だったといいます。

くはしゃ　『百怪図巻』佐脇嵩之画。葬式や墓場から死体を奪う。猫股が正体だともいう。（福岡市博物館所蔵）

猫騒動

いっぽうで猫の魔力を人間がかりて復しゅうする話もたくさんあり、江戸時代の大名家の「お家騒動」には、化け猫が活躍する話がいくつもあります。歌舞伎では、出しもののなかに「猫騒動もの」というのがあって、岡崎、鍋島、有馬の猫騒動が三大猫騒動ものとされています。

講談で語られる有馬の猫騒動とは次のような話です。

久留米藩の殿様、有馬頼豊は松平家から嫁を迎えました。その夫人についてきた奥女中のお巻が、殿様からたいへんかわいがられるようになりました。もとからいる奥女中たちはそれをねたんでお巻をひどくいじめたので、とうとうお巻は自殺してしまいます。お巻の召使いのお仲が復しゅうをしようと、

二枡源之助
一勇斎国芳画
極
泉市
猫石の怪 尾上菊五郎
一勇斎国芳画
極
泉市

『白須賀十右衛門と猫石の怪』歌川国芳画。（静岡県立中央図書館所蔵）

お巻をいじめた中心人物の老女の部屋に忍び込みますが、見つかってしまいます。そこを、お巻に大事にされていた猫に助けられます。猫は老女ののどにかみついて逆に殺してしまいます。しかし、有馬家の家来の山村典膳の母親に化けたところを見破られ、力士の小野川喜三郎によって退治されたのです。

『江戸の花名勝会　ね　九番組　市の川市蔵／巣鴨氷川下猫又橋／氷川下』歌川豊国画。（国立国会図書館所蔵）

人への恩返し

猫は、化けて人間に危害を加えることもありますが、飼ってもらった恩を忘れずに人間を助けることもあります。

昔、ある金持ちの家がふとしたことからすっかり貧乏になってしまいました。この家には長いあいだ飼われていた猫がいて、主人は、自分は食べないでもこの猫には食事をやっていました。ある晩、猫は夕食が終わると姿を消しました。次の日の朝、主人が目をさますと枕元にお金が置いてあります。こんなことが何日も続いて、ふしぎに思った主人は猫のしわざに違いないとあとをつけていきました。すると猫は、川原で川藻をとって頭にかぶり、盲人に化けて街角で物乞いをしていました。こうして集めたお金を主人に贈っていたのです。この話は静岡県に伝わっています。

　また、昔あるところに、檀家（葬式そのほかすべての法事を一つの寺におこなってもらう家）が少なく貧乏な寺がありました。和尚は食べるものもなくなり、長いあいだ飼っていた猫を呼んでこういいました。「おまえにやるえさもなくなった。長者の家にでも行って幸せに暮らしなさい」。すると、猫は「長いあいだお世話になりながら、そんなことはできません。私は神通力をもっているので、ご恩返しをさせてください。近いうちに長者の母親が亡くなりますから、その葬式では私のいうとおりにしてください」といいます。

　猫がいったとおり、間もなく長者の母親が亡くなって、葬式の日、黒雲がたなびいて遺骸を納めた棺桶が急に空に舞い上がりました。だれもどうすることもできませんでしたが、この和尚が猫に教えられたとおりに祈ると、棺桶は下りてきて無事葬式をすませることができました。和尚の力をみて、おおぜいの人が感心し、寺はたいへん栄えたというのです。

『書画五十三駅　駿河岡部猫寺ノ怪』歌川芳虎画。
（国立国会図書館所蔵）

鼠

猫さえ食い殺すほどの力をもつ古鼠

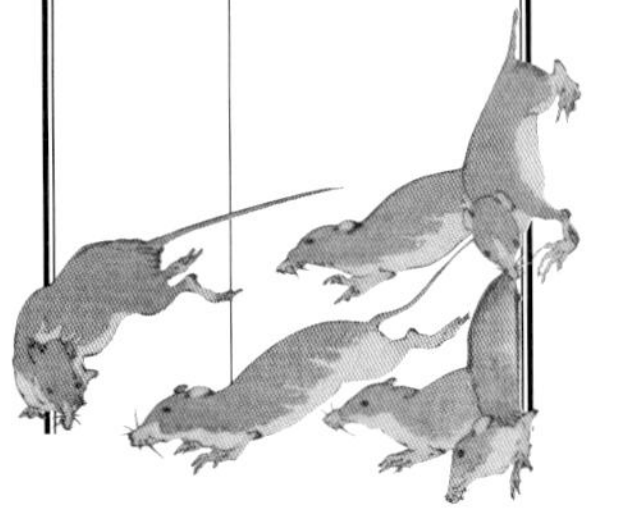

怪力を身につけた古鼠

家鼠は屋根裏にすみついて伝染病をはやらせたり、野鼠は田畑を荒らしたり、鼠は人間に害をする動物です。しかし、いっぽうで、「鼠算」という言葉があるように、子どもをたくさん産んで繁殖力が強いことから、神秘の力をもつものとして大事にされ、七福神のなかの大黒天の使いとされたり、いろいろな行事で祭られたりもします。また、「鼠の嫁入り」や「鼠浄土」などの昔話で人々に親しまれてきました。

鼠の姿を見れば追いかけまわして食い殺すのは猫です。しかし、年をとった鼠を特別に「旧鼠」といい、これにはさすがの猫でもかないません。江戸時代の『三州奇談』という本に現在の富山県の話として、次のように書かれています。

ある村で、飼猫が何匹も村境の墓地で食い殺されているのが見つかりました。これはこの墓地にすみついている古鼠のしわざだったといいます。

この村の伊兵衛という若者が夜おそくこの墓地を通りかかると、突然、石がくずれる音とともに何かが伊兵衛に飛びつきました。伊兵衛は相撲の強い力持ちだったので、その怪物の首をつかんで投げ飛ばしました。怪物は何度も何度も飛びついて肩や背中にかみついてきましたが、伊兵衛はひるまず怪物の首を締めつけてとうとう殺してしまいました。次の朝見ると、体の長さが五十センチもある大鼠だったといいます。

また、現在の名古屋市に住むある人の家で、毎晩、ともしていた明かりがとつぜん消えるということが起こりました。調べてみると、古鼠が明かりの油をなめていくからだとわかりました。そこで、近くの猫をたくさん借り集めて、夜になるのを待ちました。夜になって明かりをつけると、古鼠が出てきたので、猫はいっせいに飛びかかりました。ところが、かみ殺されたのは猫

旧鼠　『絵本百物語』竹原春泉画。母猫に死なれた子猫を育てる古鼠。
（湯本豪一記念日本妖怪博物館〈三次もののけミュージアム〉所蔵）

のほうでした。もっと強い猫を集めてきても同じことでした。村人は、「窮鼠（追いつめられた鼠）猫をかむ」ということわざはこういうことをいうのだと納得したといいます。
しかし、東北地方では恐ろしいはずの古鼠が、母猫に死なれた子猫に乳をやって育てたという記録も残っています。

鉄鼠　『画図百鬼夜行』鳥山石燕画。（東京藝術大学附属図書館所蔵）

化け鼠と鉄鼠

狐や狸のように、鼠も人間を化かします。

昔、ある人が京都で古い屋敷を買いとって、そこに住むようになりました。ある晩、きちんとした身なりの人がやって来て、息子の婚礼のために屋敷を一晩だけ貸してほしいと頼みます。承知して貸してやると、提灯をともしてたくさんの輿や乗り物が行列を作ってやってきました。二、三百人もの人が集まり、さっそく大宴会が始まりました。

ところがそこへ急に風が吹きつけ、明かりが消えてしまいました。その人がふたたび明かりをつけて見ると、だれもいません。そして、貸してやった道具や器が全部こわされています。ただ一つ無事だったのが、床の間の猫を描いた掛け軸でした。これは、以前この屋敷にすんでいた古鼠のしわざだったといいます。

「鉄鼠」という鼠の妖怪は、滋賀県にある三井寺の僧・頼豪の霊が化けたものであると、『平家物語』に書かれています。

頼豪は白河院のために皇子の誕生を祈願しました。その効果があって皇子が生まれましたが、白河院は、皇子が生まれたらどんなほうびでも与えるという約束を破って、頼豪の望みであった戒壇を建てることを許しませんでした。戒壇というのは僧に戒律をさずける場所で、その当時は比叡山延暦寺などごく限られた寺にしかありませんでした。白河院は、延暦寺が反対したので、建てることを許さなかったのです。おこった頼豪は、皇子を連れて魔物の道に入るといって、断食をしてみずから死んでしまいます。

頼豪は死んだあと、そのうらみから大鼠の妖怪である「鉄鼠」になり、八万四千匹もの鼠の大軍を率いて、延暦寺の大切な仏像や経巻を食い破りました。これには延暦寺もたいへん困って、比叡山のふもとに鼠の祠を建てて祭ったというのです。

『新形三十六怪撰　三井寺頼豪阿闍梨悪念鼡と変ずる図』月岡芳年画。
（静岡県立中央図書館所蔵）

轆轤首

長くのびた首が空中を浮遊

飛頭蛮　『画図百鬼夜行』鳥山石燕画。（東京藝術大学附属図書館所蔵）

首がのびたり離れたり

「轆轤首」は、首が長くのびて自由に動きまわる妖怪です。多くの場合、それは女の人の姿になってあらわれます。「飛頭蛮」という字を当てることもあり、そのうち首が胴体から離れたものを「抜け首」といったりします。

轆轤首は夜に体は布団のなかで寝ていて、首だけが動きまわりますが、特に悪いことをするわけでもなく、ふだんはふつうの女の人なので、見分けがつきません。首に輪がある女の人は轆轤首になるといわれていた地方もあります。

江戸時代の怪談話を集めた『古今百物語評判』に、次の話が載っています。昔、絶岸和尚という僧が現在の熊本県のある村に泊まったときのことです。風が強く吹き、どうしても眠れな

『ろくろ首おつる』歌川豊国画。（静岡県立中央図書館所蔵）

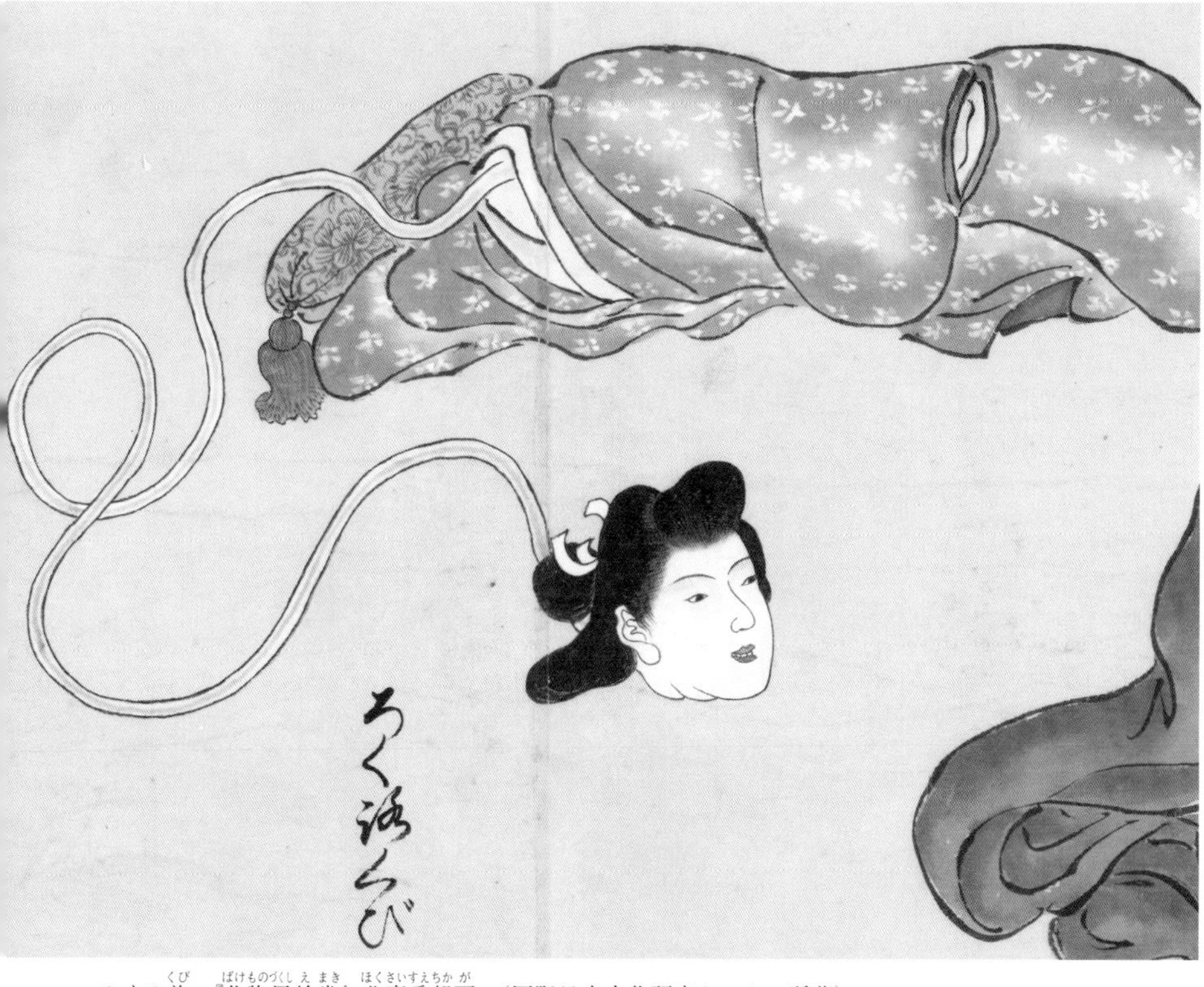

ろくろ首　『化物尽絵巻』北斎季親画。（国際日本文化研究センター所蔵）

いので、念仏をとなえていました。

真夜中になるとその家の女房の首がぬけて、窓から飛び出していき、首の通ったあとには白いすじが見えました。明け方になると、その首はもどってきて、にっこり笑って寝床にもぐり込みました。夜が明けてから女房の首を見ると、まわりに筋があったというのです。

『怪談』に出てくる轆轤首

小泉八雲の『怪談』にも、轆轤首の話が載っています。武士として武勇の名声の高かった男が、仕えていた家が滅亡したので、僧になって諸国をまわっていました。この僧が現在の山梨県を歩いているとき、人里からはるかに離れた山奥で夜を明かさなければならなくなりました。草むらのなかに寝ようとしていたところに一人の木こりがやって来て、その家に泊めてくれると親切にいうのです。連れていかれた小

轆轤首 『大昔化物双紙』歌川豊国画。(国立国会図書館所蔵)

『絵本異国一覧』岡田玉山画。北アメリカの妖怪「戸頭蛮」の図。深夜に首がのびて、汚いものを食い荒して体に戻るのだという。（琉球大学附属図書館所蔵）

屋には、四人の男女が囲炉裏の火にあたっていました。

夜がふけて、のどがかわいた僧は、水を飲むために部屋を出ようとしました。ふと、別の部屋に寝ていた五人の姿が目に入りましたが、おどろいたことにどれにも首がないのです。外に出てみると、五つの首がふらふら浮かんで、「今晩来た坊主は太っているので、食べてしまおう」と話しています。僧が見ているのを知った轆轤首たちはおそってきましたが、武術にすぐれた僧はそれを退治してしまいました。ところが、木こりの首だけは衣の袖に食いついたまま離れません。それをつけたまま、僧は旅を続けたというのです。

元興寺

毎晩、寺の鐘つき童子をおそう鬼

がごぜ　『百怪図巻』佐脇嵩之画。（福岡市博物館所蔵）

寺に出現する鬼

奈良市にある元興寺は歴史が古いので、さまざまな説話が伝えられていて、『日本霊異記』をはじめとする説話集に記録されています。

そのうちもっともよく知られているのが、「元興寺」という、この寺の鐘つき堂にすみついていた鬼の話です。

この鬼は、毎晩出てきて鐘つきの童子を食い殺すのです。寺には、雷神に怪力をさずけられたたいへんな力持ちの童子がいました。この童子が、鐘つき堂にあらわれた妖怪の髪の毛をつかむと、妖怪は髪の毛と頭の皮を残して逃げていきま

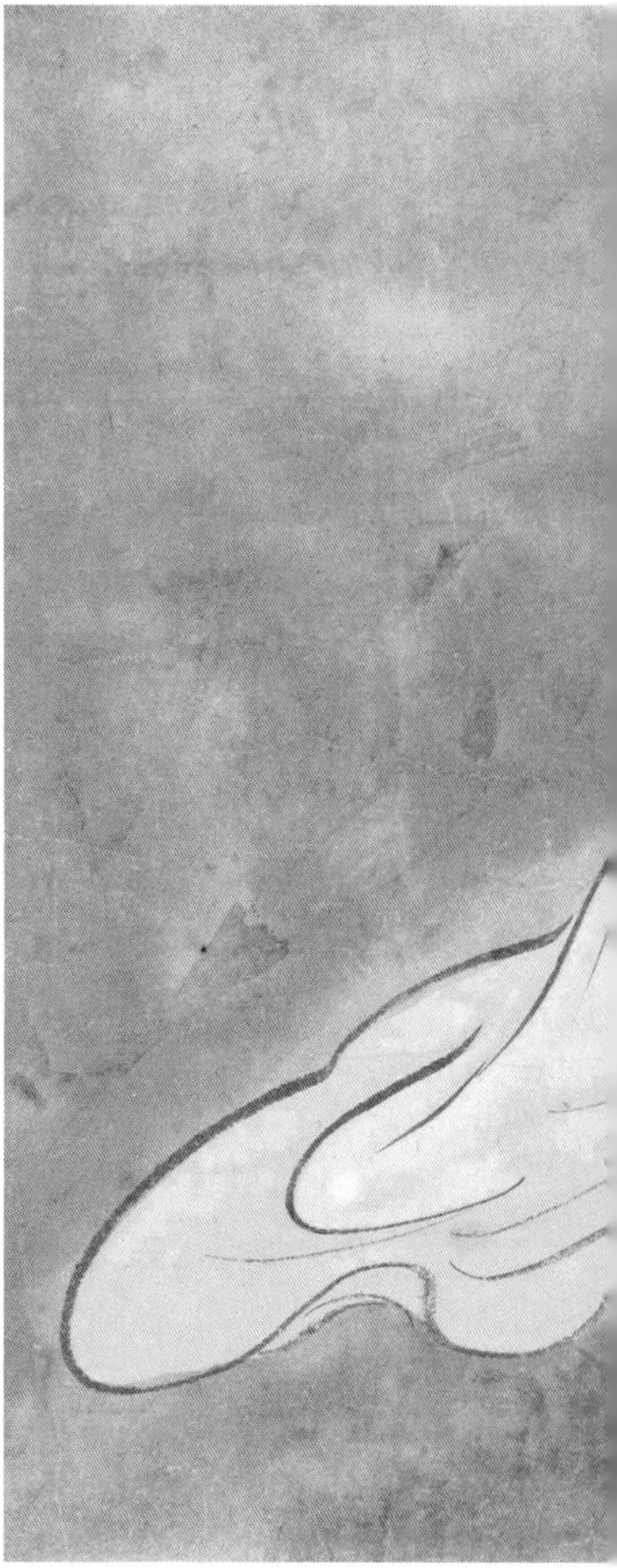

した。血のあとをたどっていくと、悪いことをした人たちが葬られているところで消えたというのです。

この童子は出家を許され、のちに道場法師と呼ばれ、故郷に同じ元興寺という名前の寺を建てたといわれています。

お化けをあらわす幼児語

柳田国男によれば、元興寺もまた、「モモンガ（六二ページ参照）」と同じように、地方によって「ガゴジ」、「ガンゴ」、「ガガモ」、「ゴンゴンジー」などという、お化けや妖怪をあらわす幼児語の一つだとされています。子どもがいうことを聞かないときに「ガゴゼに会わせるぞ」といったり、顔をしかめて「ガゴジー」といっておどしたりするのです。

元興寺　『画図百鬼夜行』鳥山石燕画。
（スミソニアン・ライブラリー所蔵）

犬神（いぬがみ）

人間についてたたりをする犬の霊

『百鬼夜行絵巻』の犬の妖怪。（国立国会図書館所蔵）

飢え死にした犬の亡霊

さまざまな霊のなかで、人間にとりついて災いをもたらすものがあるといういい伝えがあります。死んだ人や生きている人の霊、動物や植物の霊がとりつくとされ、憑物といわれます。人間にとりついてたたりをなす霊に、「犬神」と呼ばれるものがあります。

犬神は、柱に縄でつながれ、もう少しでとどくところにえさを置かれて飢え死にさせられた犬の首を、呪物として祭ったのが始まりだといわれていま

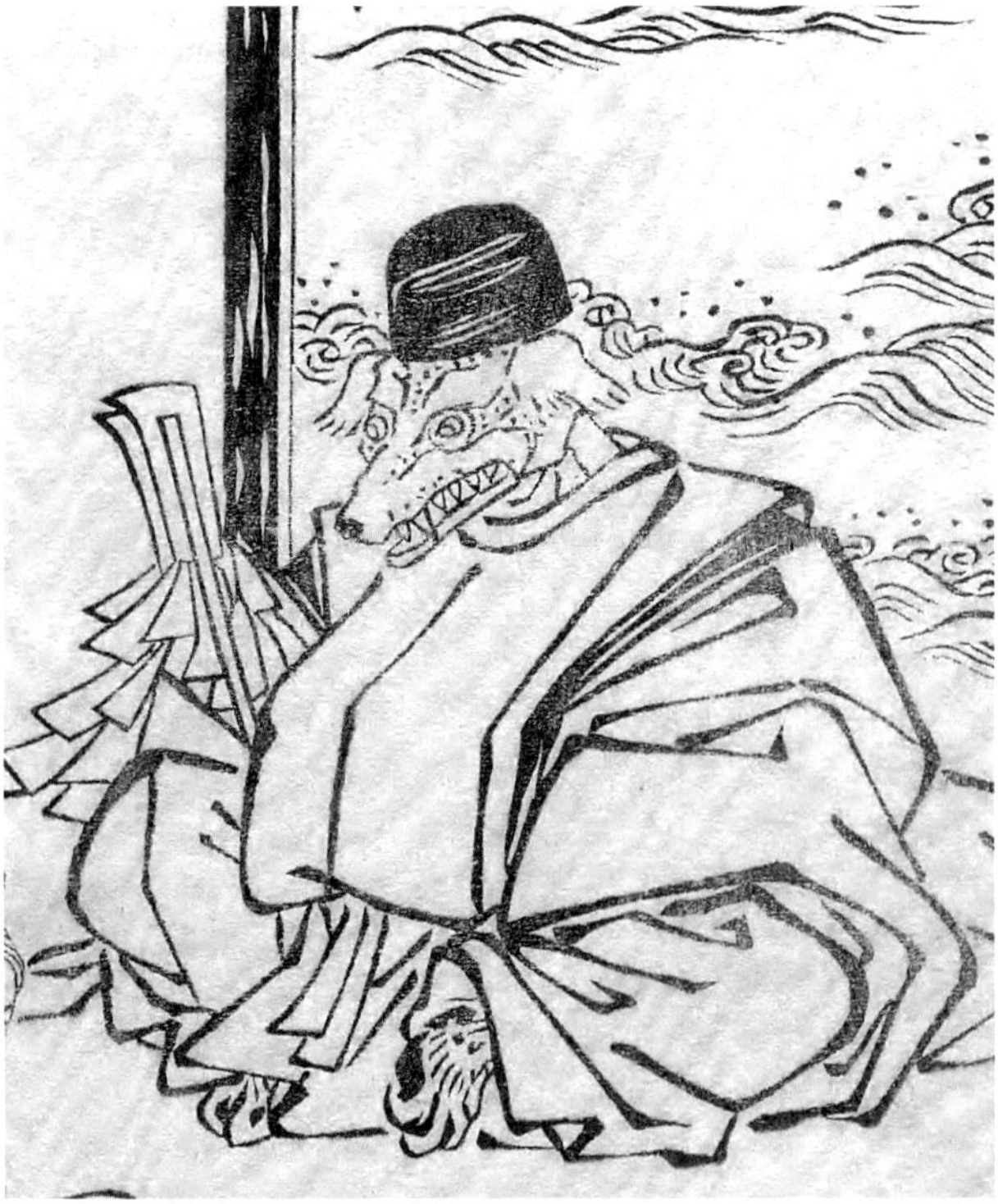

犬神　『画図百鬼夜行』鳥山石燕画。（スミソニアン・ライブラリー所蔵）

す。その正体は、動物の鼬のように尻尾の長い鼠ぐらいの小さな獣で、主人の意思でほかの人に危害を加えるといわれます。

犬神につかれたとき

犬神にとりつかれた人は、犬のようにほえたり跳びはねたりするといわれます。

犬神はまた、指先の小さな穴から出入りして、体の悪いところにとどまって、原因不明の高熱を出すとされたこともありました。

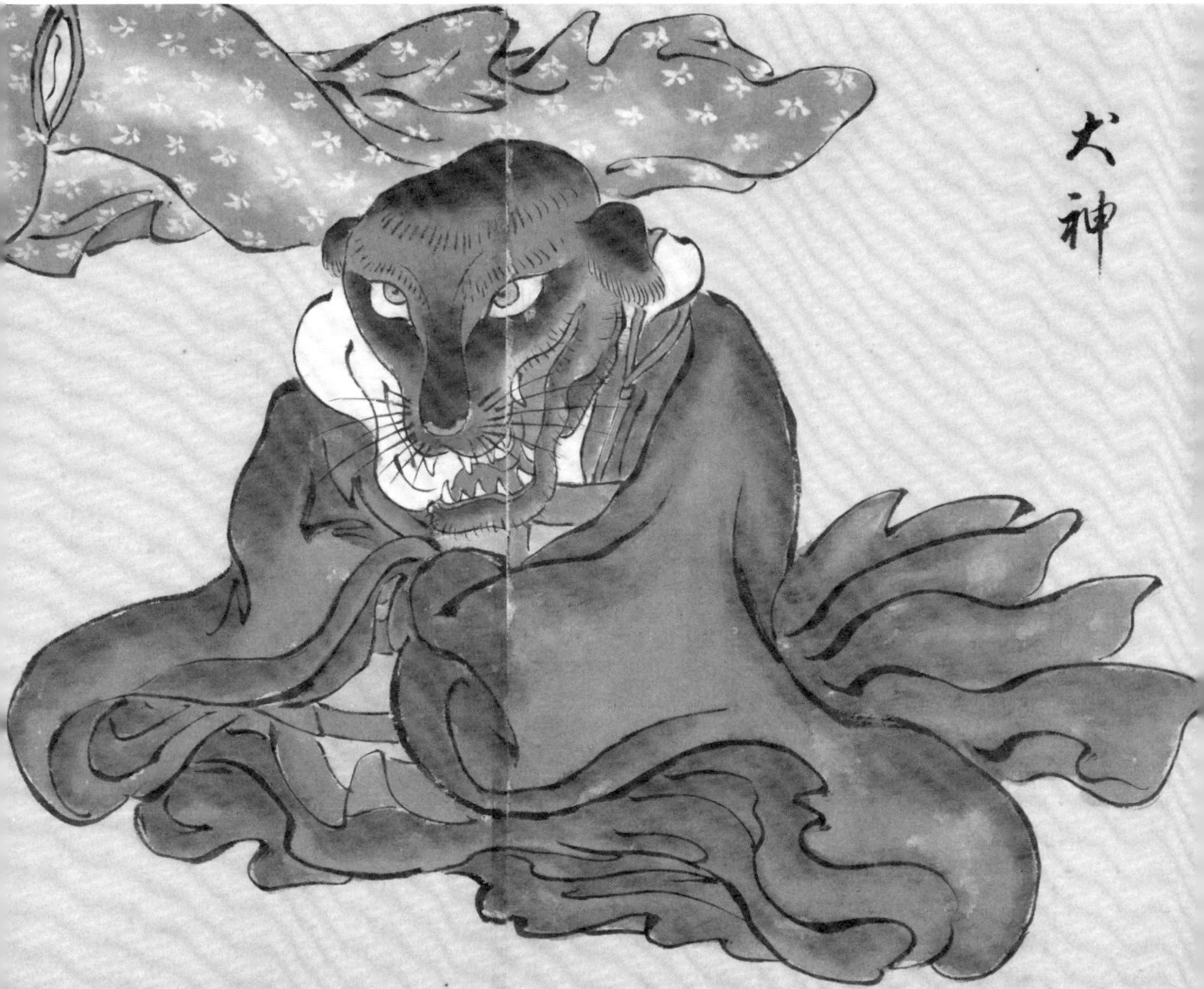

犬神　『化物尽絵巻』北斎季親画。（国際日本文化研究センター所蔵）

ザシキワラシ

ざしきわらし

子どもの姿をした家の守り神

日本中にいるザシキワラシ

主に岩手県を中心とした東北地方の家にあらわれるといわれる子ども姿の妖怪が、「ザシキワラシ」です。「ザシキボッコ」、「ヘヤボッコ」、「クラボッコ」、「クラワラシ」などとも呼ばれます。

このような妖怪はほかの地方にもいて、四国の香川県では「オショボ」、高知県や愛媛県では「アカシャグマ」などとも呼ばれます。

ザシキワラシは、古くから続いている家の座敷や土蔵に、二、三歳から十歳ぐらいの、おかっぱ頭で赤い顔をした子どもの姿であらわれます。

遠野のザシキワラシ

ザシキワラシを最初に広く一般に紹介したのは、柳田国男（二一九ページ、五〇ページ参照）で、それを『遠野物語』のなかに次のように書いています。

遠野の土淵村のある家で、ふだんは遠くの学校に行っている娘が休みで家に帰っていて、廊下で男の子のザシキワラシに出会っておどろいたといいます。また、別の家では、母が一人で縫い物をしていると、隣りの部屋でガサガサと音がします。そこは主人の部屋ですが、そのときはでかけていて留守なので、おかしいと思って戸を開けてみますがだれもいません。しばらくするとまた、鼻を鳴らす音がします。それで、さてはやはりザシキワラシだったのかと思ったということです。

ザシキワラシがすんでいる家は、豊かで繁栄し、ザシキワラシが出ていくと、その家は落ちぶれるといわれています。

同じ村の、金持ちの山口家には昔から女の子の神がいるといい伝えられてきました。あるとき、村人が橋のそばで見慣れない二人の女の子に出会いました。村人が、どこから来てどこへ行くのかと聞くと、「山口の家から来て、近くの村のある家に行く」と答えました。村人は、それでは山口家も近く滅びるだろうと思ったそうです。

それからしばらくして、山口家では使用人もあわせて二十数人が、毒キノコにあたって死んでしまったというのです。その後、山口家は絶え、いっぽう、ザシキワラシが行くといっていた近くの村の家は、豊かな農家として続いていったそうです。

柳田国男にザシキワラシの話を伝えた佐々木喜善も、学校で遊んでいたザシキワラシについて書いています。

土淵村の小学校に、一人のザシキワラシが毎日のようにあらわれて、一年生の子どもといっしょに遊んでいました。しかし、一年生の目にはその姿が見えるのですが、大人や上級生は見ることができなかったといいます。

また、遠野で古い米蔵を小学校の校舎にして使っていたころ、夜の九時ごろになると、玄関の戸のすき間から白い着物を着た六、七歳の子どもが入ってきて、机やいすのあいだをくぐって楽しそうに遊んでいたというのです。

ザシキワラシと護法童子

ザシキワラシは家にすみつき、家の繁栄を守る守護神と考えられています。しかし、どうしてそれが子どもの姿なのでしょう。それは、子どもが神と人間のあいだをつなぐものだと日本では古くから信じられてきたからなのです。

祭りの儀式には、神さまのよりつく「一つ物」という特別な扮装をした童子が出ます。また仏教では、護法童子が信じられています。仏様の教えを守る神に仕える子どもの姿をした鬼神のことです。

佐々木喜善は次のような話も書いています。昔、高野山に一人の小僧がいて、和尚が外出するときにこの小僧を連れていくと、どんな暴風雨のときでも傘をささなくてもぬれることがなかったといいます。

ところがある日、この小僧は、「寝ている姿を見られてしまったので、寺にいることができなくなりました」といって、お別れに杉の木を一本欲しいといい、その木から天に上っていきました。杉の木が今も残っているこの寺が長年にわたって火事にならないのは、この小僧のおかげだとされています。

この小僧も護法童子の一人と考えられます。

『雨月物語』のなかに出てくる黄金の精霊。小さな老人の姿をしていて、現在の青森県で栄えていた武士の家にあらわれた。ザシキワラシの原型とも考えられている。(国文学研究資料館所蔵)

絵巻をよむ

稲生物怪録

いのうもののけろく

稲生平太郎少年の妖怪退治

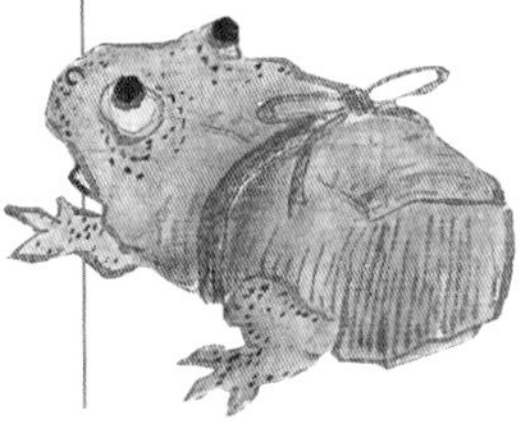

『稲生物怪録』は、稲生平太郎という十六歳の少年が、三十日のあいだ毎晩あらわれるさまざまな化け物とたたかい、ついには追い払うという物語です。

稲生平太郎は、江戸時代中ごろの備後国三次藩（現在の広島県三次市）の武士の息子で、のちに武太夫と名のった実在の人です。彼の体験は、同僚の柏正甫による本人からの聞き書きや、国学者・平田篤胤の『稲生物怪録』にまとめられました。また、武太夫自身が書いた『三次実録物語』という本もあり、これをもとに描かれた『稲生物怪録絵巻』も広く読まれました。『稲生物怪録』は、近代になっても、文人や学者から高く評価されています。

稲生平太郎は勇気のある少年でした。隣りに住む三ツ井権八と、肝だめしをしたり、夜中に墓の前で百の怪談を語ったりしました。百物語をすると本物の妖怪が出るといういい伝えどおり、七月になると稲生家には夜となく昼となく化け物があらわれるようになったのです。

①七月一日夜、平太郎の部屋の障子が火がついたように明るくなりました。障子を開けようとするとはずれてしまいました。そして、大きな毛むくじゃらの手がのびて平太郎をわしづかみにし、庭に引きずり出そうとします。見ると大きな一つ目がぎらぎら光っています。隣家の権八は一つ目小僧によ

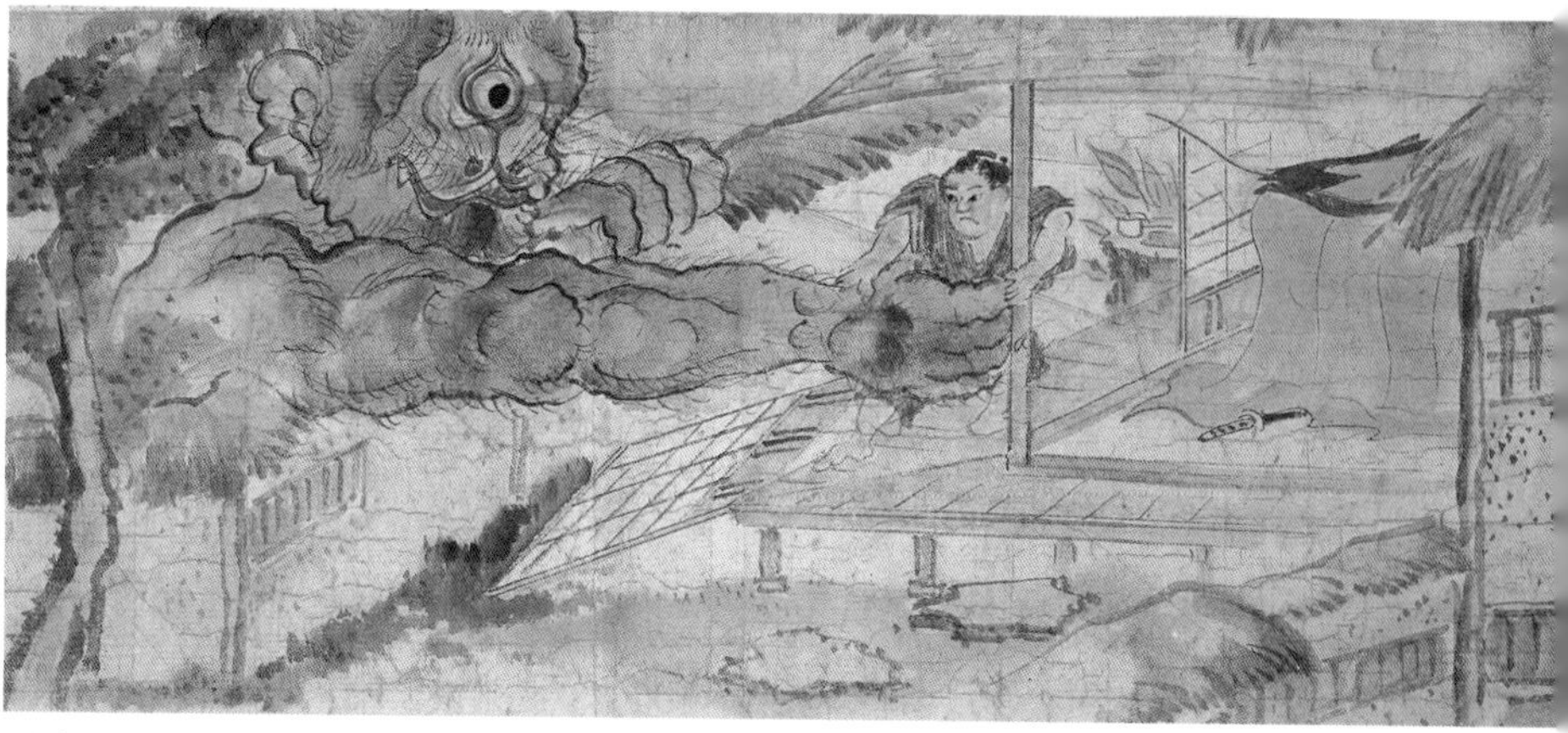

『稲生物怪録絵巻』(堀田家本) ①7月1日　一つ目の大妖怪があらわれる。稲生平太郎はこれ以後1か月にわたってさまざまな妖怪に悩まされる。(写真提供：三次市教育委員会)

『稲生物怪録絵巻』(堀田家本) ②7月3日　女の逆さの生首があらわれ、髪の毛を足にして歩きまわる。(写真提供：三次市教育委員会)

『稲生物怪録絵巻』(堀田家本)　③7月6日　戸口に老婆の大首があらわれる。(写真提供:三次市教育委員会)

『稲生物怪録絵巻』(堀田家本)　④7月10日　相撲取りの貞八に化けた怪物の頭から赤ん坊が出てきて平太郎をおそう。(写真提供:三次市教育委員会)

って金しばりにされ、家来の権平は気絶したままです。

②三日夜、部屋の隅から女の生首が逆さになって飛び出し、髪の毛を足のように使って進んできました。ぬれた舌で平太郎の顔や首すじをなめますが、平太郎はかまわないで布団にもぐり込みました。

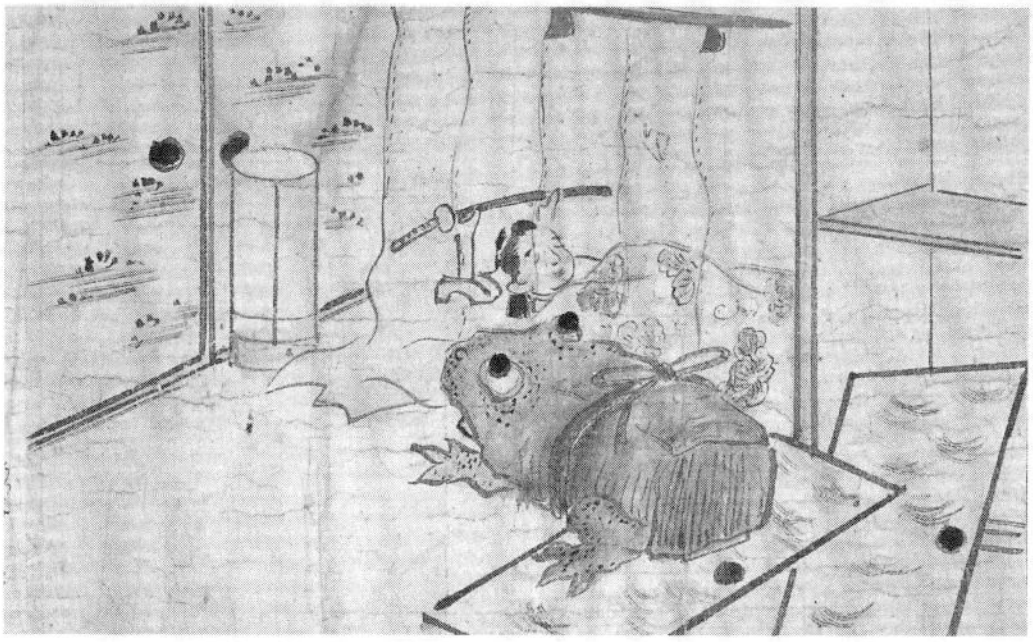

『稲生物怪録絵巻』（堀田家本）　⑤7月12日　押入れから蟇があらわれる。実は葛籠が化けていたものであった。（写真提供：三次市教育委員会）

③六日夜、平太郎が薪小屋に行こうとすると、戸口を大きな老婆の顔がふさいでいます。平太郎はかまわず通ろうとしますが、動きません。老婆の額の中央に小刀を打ちつけましたが、痛がりもしないのです。あくる朝見ると顔は消えていて、小刀だけが空中に浮いていました。

『稲生物怪録絵巻』（堀田家本）　⑥7月16日　くし刺しの小坊主頭がはねまわる。（写真提供：三次市教育委員会）

④十日夕方、化け物が、相撲取りの貞八に化けてやって来ました。二人で話をしているうちに、貞八の頭に穴が開き、赤ん坊が二つ三つ出てきて部屋をはいまわり始めたのです。赤ん坊が平太郎におそいかかってきたのでつかまえようとすると、パッと消えうせました。

⑤十二日夜、押入れから大きな蟇が飛び出して平太郎の胸にはい上がってきました。蟇に巻きついているくくりひもをにぎって眠ると、朝には葛籠（衣類を入れる藤づるなどで編んだ籠）になっていました。

⑥十六日夜、白い小坊主の頭をくし

刺しにした妖怪が、十余りあらわれました。くしの先の一本足で部屋中をヒョイヒョイはねまわります。平太郎は、ナス田楽の踊りでも見ているようだと

『稲生物怪録絵巻』（堀田家本）⑦7月26日　女の生首が飛びまわり、首の先が手になって、平太郎をなでまわす。（写真提供：三次市教育委員会）

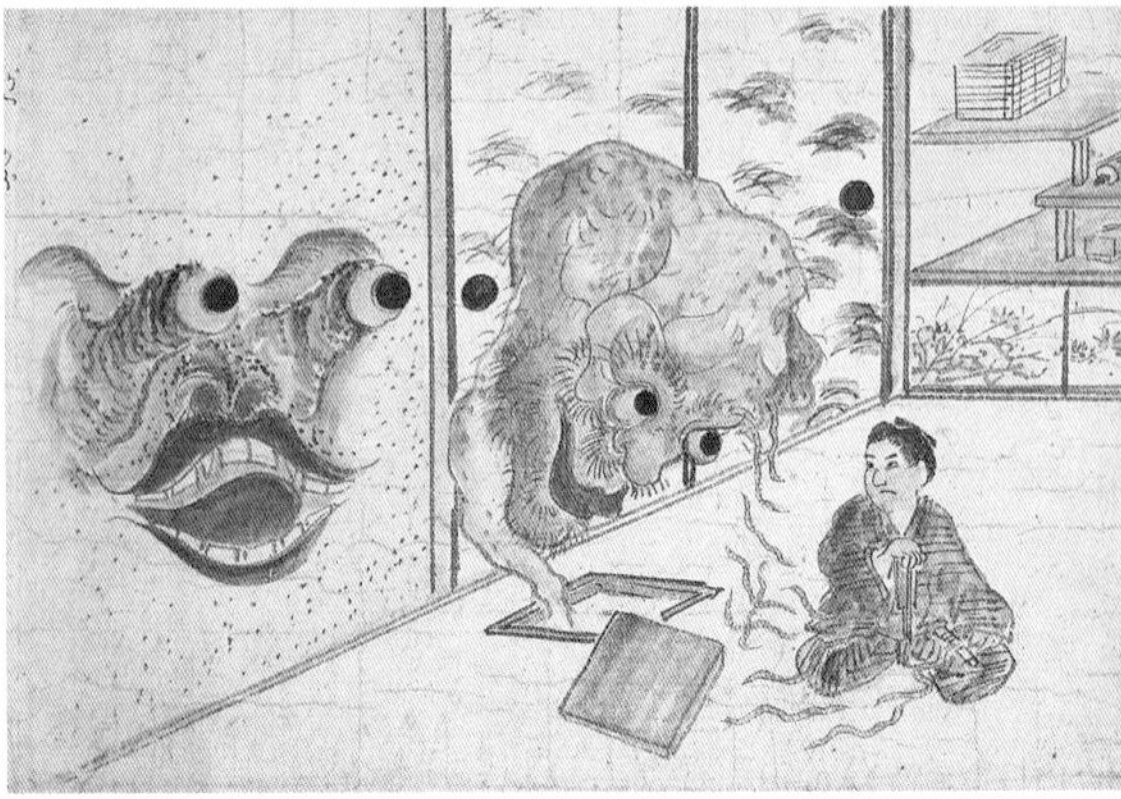

『稲生物怪録絵巻』（堀田家本）⑧7月30日　炉の灰が盛り上がり大頭になって、たくさんのミミズが出てくる。（写真提供：三次市教育委員会）

おもしろがっていましたが、しまいにうるさくなり、相手にしないで寝てしまいました。

⑦二十六日の夜、大きな女の首が飛んできました。部屋中を飛びまわって、平太郎の上に来ると首の先が手になって平太郎をなでます。気持ち悪いのですが、そのままにして眠ってしまうと、いつの間にか消えていました。

⑧三十日の夕方、四十歳ぐらいの武士の姿をした男があらわれ、すぐに消えました。そうするうちに炉の灰が吹き上がって大きな頭になり、平太郎が大嫌いなミミズを出しておどかします。壁には飛び出た目と大口の顔があらわれましたが、どちらも消えてしまいました。

ふたたびあらわれた男は、平太郎を降参させることができないと知ると、素性をあかして次のように語りました。自分は山本五郎左衛門という魔物で、十六歳になる人を百人たぶらかして魔界の首領となるために修行してきたが、八十六人目の平太郎でしくじってしまったというのです。そして、木槌を置いて消えてしまいます。

⑨妖怪たちはどこへ帰るのだろうと見ると、庭はさまざまな化け物で満ち満ちており、平太郎におじぎをしていきます。平太郎も礼を返すと、急に頭が重くなりました。そのすきに山本五郎左衛門は駕籠に飛び乗り、おどろおどろしい妖怪たちの行列は隣りの家の屋根をつたって長く連なり、雲のかなたへと消えていきました。（物語・解説は『三次実録物語』などにもとづき、絵にあわせて構成しました。）

『稲生物怪録絵巻』（堀田家本）　⑨7月30日　山本五郎左衛門を駕籠に乗せて、おおぜいの化け物たちが去っていく。（写真提供：三次市教育委員会）

油坊・油赤子・油返し

あぶらぼう・あぶらあかご・あぶらかえし

貴重な油を盗んだ者の亡霊

油を盗んだ罰で、火の玉となって飛ぶ亡霊

昔は、行灯や灯台で油を燃やして夜の明かりとしました。その油は、ナタネやアブラギリなどの植物や魚からとったものでたいへん貴重なものでした。それで、油をむだにしたり、盗むことは非常に悪いこととされ、盗んだ人はその罰で妖怪になると考えたのでしょう。

滋賀県では、春から夏にかけて夜怪しい火が出るといわれ、その正体は、昔、灯油料を盗んで罰せられた比叡山の僧の亡霊で、「油坊」と呼ばれます。

大阪府でも、雨の降る夜に、直径三十センチもあるかと思われる火の玉が飛びまわったといいます。昔、一人の老婆が、毎晩のように近くの神社の御神灯の油を盗んで自分の家の明かりにしていました。神罰が下って死んだあと火の玉にされたのだといわれ、「姥火」と呼ばれています。

火の玉がとつぜん窓から家のなかに飛び込んできて、行灯の油をペロペロとなめて、ふたたび飛び去ってしまったという話もあります。その油をなめるときの姿が赤ん坊の姿なので、この怪火を「油赤子」と呼んでいる地方もあります。

人間の姿をした油の妖怪

怪火ではありませんが、東北地方では、「油なめ赤子」といわれるものが

油赤子『今昔画図続百鬼』鳥山石燕画。昔、現在の滋賀県大津に、地蔵の油を盗んだ人の霊が火の玉となって飛んだ。油をなめる赤子はこの人が生まれ変わったものかもしれない。（スミソニアン・ライブラリー所蔵）

出たといいます。江戸時代中ごろ、赤ん坊を連れて道に迷った女の人が、庄屋の家に泊めてもらいました。すると夜中に、布団に寝ていた赤ん坊がとつぜんはい出して、行灯の油を一滴も残さずなめてしまいました。夜が明けて、女の人は赤ん坊を抱いて出発しましたが、途中で赤ん坊を下ろして休んでいると、赤ん坊はまりのようにはずんで飛びまわったということです。

姥が火・叢原火　『画図百鬼夜行』鳥山石燕画。（東京藝術大学附属図書館所蔵）

新潟県では、灯油を粗末にすると、「アブラナセ」という妖怪が出るといわれています。アブラナセというのは、その地方の言葉で、油を返せという意味です。

熊本県の天草には、油壺をさげた「油スマシ」という妖怪が出るそうです。この妖怪も、油のむだづかいをいましめるのだといいます。

昔、宗源という人が油を盗んで刑に処せられましたが、そのうらみが一団の火となって三つ、四つに分かれ、その火が飛び上がって、散ってはまた集まって一つになるという「宗源火」の話が『怪談見聞実記』という本に書かれています。この話が油坊の話となって語り伝えられ、民間に伝承されて生活のなかに生きたのだろうと思われます。

同じような話が兵庫県にもあります。奈良時代の僧の行基が掘ったといわれる昆陽池の南の墓場から怪火が出て、中山というところに行くので、昔、中山寺の油を盗んだものの亡霊だといわれ、それは「油返し」と呼ばれています。

また、生きているあいだに人の役に立つことをしないで毎日のらりくらりと暮らした人は、死んだあとその霊が「火間虫入道」となって、灯油をなめて、ほかの人が夜に仕事をするのを邪魔するのだといわれています。

火間虫入道　『今昔百鬼拾遺』鳥山石燕画。（スミソニアン・ライブラリー所蔵）

絵巻をよむ

付喪神

つくもがみ

道具の妖怪たち

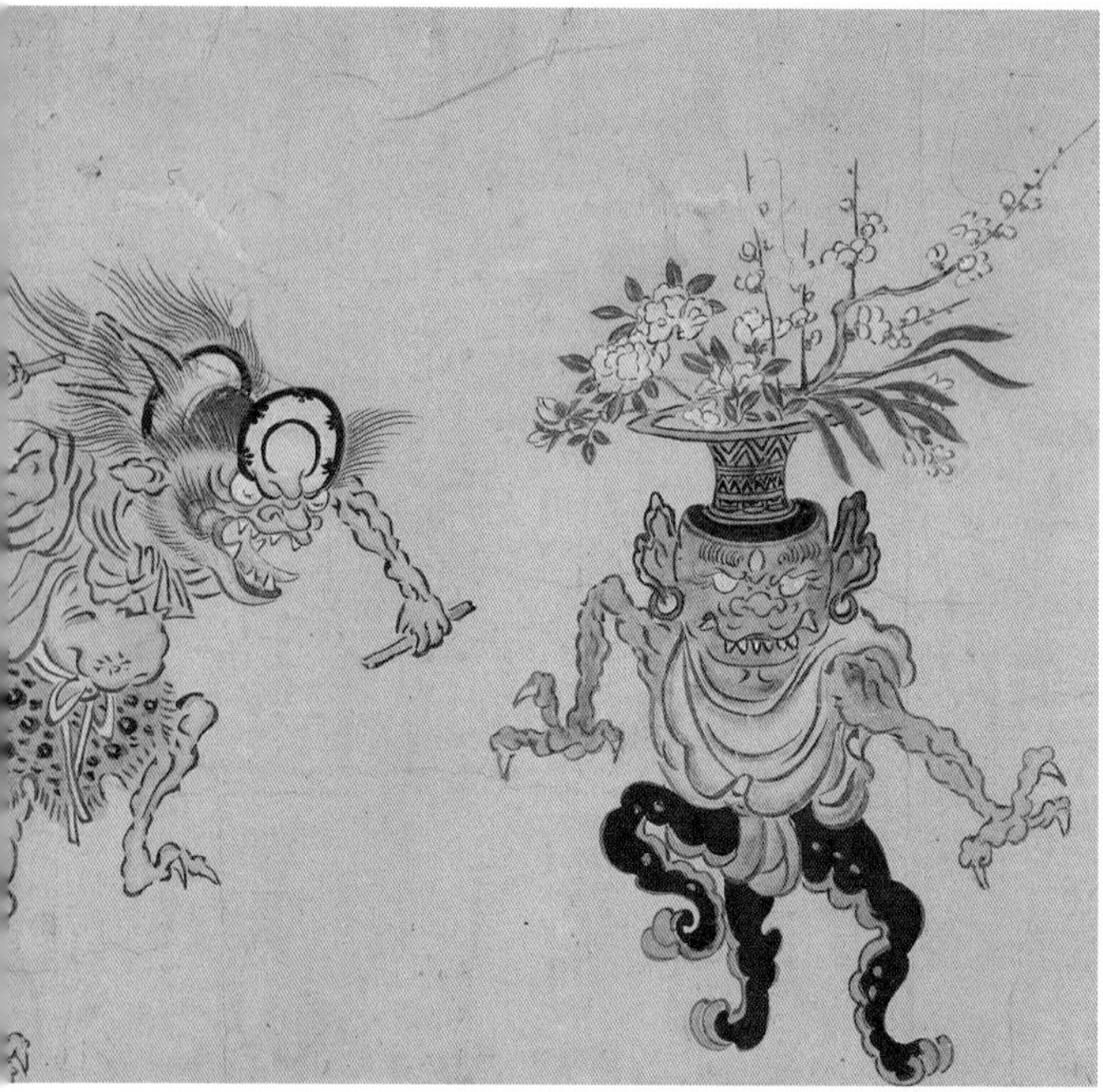

真夜中の「百鬼夜行」

現代と違って、昔は京の都でさえ夜はたいへんに暗くて恐ろしいところで、真夜中の通りにはたくさんの妖怪が群れていると信じられていました。

平安時代には、このような現象を「百鬼夜行」と呼んで、人々は妖怪に出会うのを恐れ、夜は外出せずにじっとこもっていたのです。

また、鎌倉時代の説話集『宇治拾遺物語』には、ある修行僧が古びた寺で一心に陀羅尼という呪文をとなえていると、真夜中におおぜいの妖怪が手に手に明かりをともしてやって来て、やがて明け方近くなるとガヤガヤさわぎながらどこかへ去っていった話が書かれています。

古道具の妖怪たち　『百器夜行絵巻』。(兵庫県立歴史博物館所蔵)

道具の妖怪が夜の町を練り歩く

昔の人はあらゆるものに霊魂が宿っていると考えていたので、人間が作った道具も年を経て古くなると、やがて霊の力が強まり自分で動きだすと考えました。人間に使われて百年もたった古道具や、それほど古くなくても人間にあきられすてられた道具が、うらんで化け物となって夜の闇のなかにあらわれ、人をたぶらかすというのです。

このような道具の妖怪は、「付喪神」と呼ばれ、室町時代から江戸時代にかけて、道具の妖怪が夜の町を練り歩くようすを描いた物語や絵巻が盛んに作られました。

道にすてられた古道具が妖怪に

室町時代に出された『付喪神絵巻』

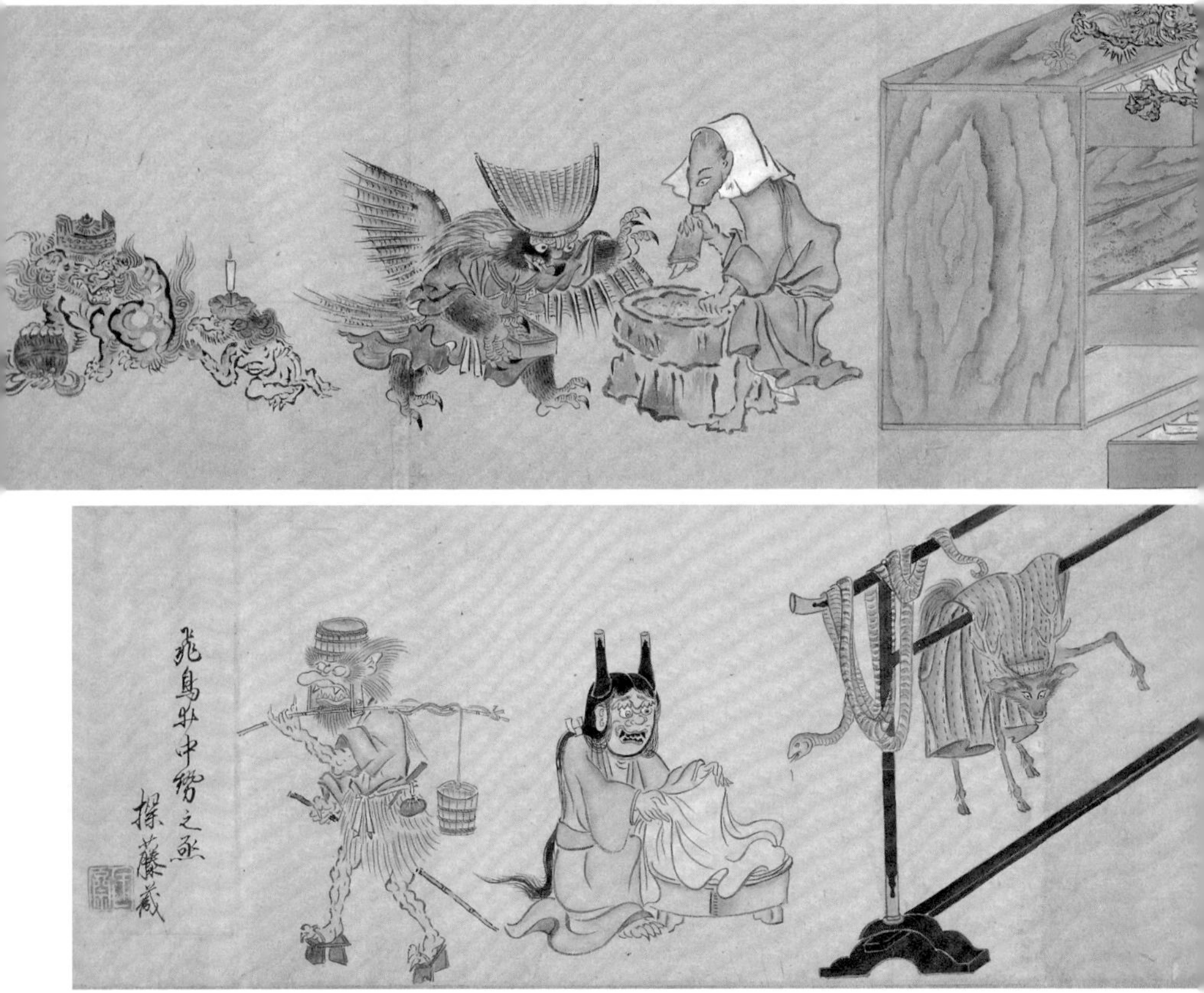

袴、帯、角盥、桶の妖怪　『百器夜行絵巻』。（兵庫県立歴史博物館所蔵）

は、すす払いのときに道にすてられた古道具たちが付喪神となって辻々に集まり、人や物をさらっては里の人々を困らせていたのですが、高僧にさとされてこれまでの悪行を悔いあらため、仏教の修行を積んでついには成仏するという内容です。

　同じころの『百鬼夜行絵巻』には、『付喪神絵巻』のなかの道具の妖怪たちの行列の部分だけがおもしろく描かれています。そこには、白い布をかぶった妖怪を追う赤鬼、白狐やサイなど奇妙な獣の妖怪、石灯籠の化け物、お歯黒をつけるみにくい女の妖怪、そして鍋、釜、五徳（やかんなどをかける脚のある輪）、すりこ木、杓子といった台所道具から経巻まで、世にもふしぎな道具の化け物たちそれぞれが踊りながら進んでいくようすが、いきいきと描かれています。絵巻の最後では、

燈台、すり鉢、ざる、天狗などの妖怪　『百器夜行絵巻』。（兵庫県立歴史博物館所蔵）

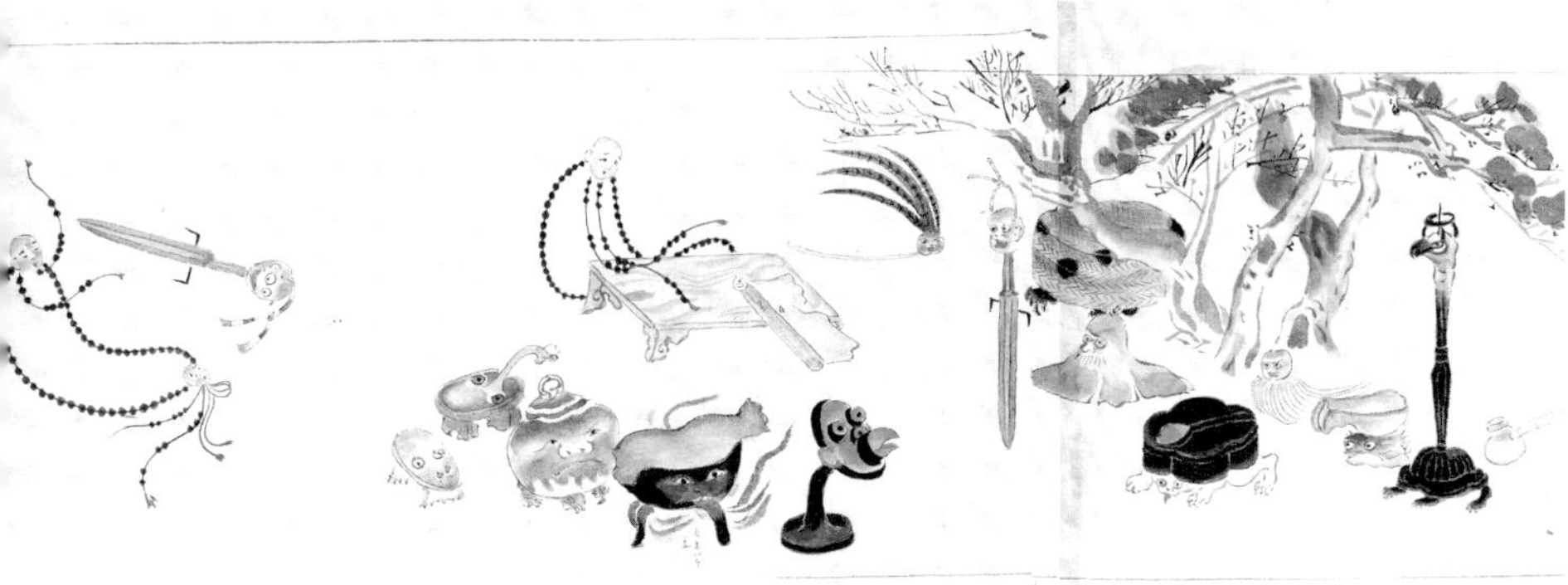

『付喪神絵詞』。暮れの大掃除のときにすてられた道具たちが、恩知らずの人間をうらみ、妖怪となって仕返しをするために、文机の古文先生をかこんで相談をする。（京都市立芸術大学芸術資料館所蔵）

昇ってくる明るい太陽によって、闇に活躍する妖怪たちの行進も終わりを告げます。

江戸時代になると、草双紙などを見るのが人々の楽しみの一つになり、そのなかで『百鬼夜行絵巻』などの道具の妖怪絵がブームとなりました。

道具を祭る「道具の年取り」

こうした「道具も古くなると妖怪になる」という考え方は江戸などの都会だけでなく地方にも伝わっていきました。人々は道具の霊をなぐさめようと、正月を迎えると臼に注連縄を張って餅を供える「道具の年取り」などの行事をおこないます。道具を祭ることで、道具の霊魂を毎年再生させるという意味があったのです。

道具の妖怪たち

①文車妖妃　『百鬼徒然袋』鳥山石燕画。（スミソニアン・ライブラリー所蔵）

①文車妖妃

文車の妖怪。文車は本や手紙を入れて運ぶ道具です。学者や僧が書いた書物でも、古くなるとなおざりにされ、間違った読み方をされることがあります。ましてや恋しい思いを込めて書かれた恋文ですら投げすてられ、年月がたつとこんな妖怪になるというものです。

②琴古主

琴の妖怪。昔はもてはやされた琴の名人、八橋検校の筑紫琴といっても、名前が知られているだけでその音色をおぼえている人もめったにいません。そのうらみを思い知らせようと姿をあらわすといいます。

③蓑草鞋

蓑と草鞋の妖怪。蓑も草鞋もくさりやすいわらでできているので、五十年、百年などという長い年月がたたなくても化け物に変わってしまうというのです。どこか悲しげな妖怪です。

④瀬戸大将

瀬戸物の妖怪。こわれた瀬戸物が集まって武士の姿になったものです。顔は徳利で、燗鍋を背負い、鎧はきれいな絵のあるひび割れた皿やどんぶり、足はしゃもじの妖怪です。

②琴古主　『百鬼徒然袋』鳥山石燕画。（スミソニアン・ライブラリー所蔵）

③蓑草鞋　『百鬼徒然袋』鳥山石燕画。
（スミソニアン・ライブラリー所蔵）

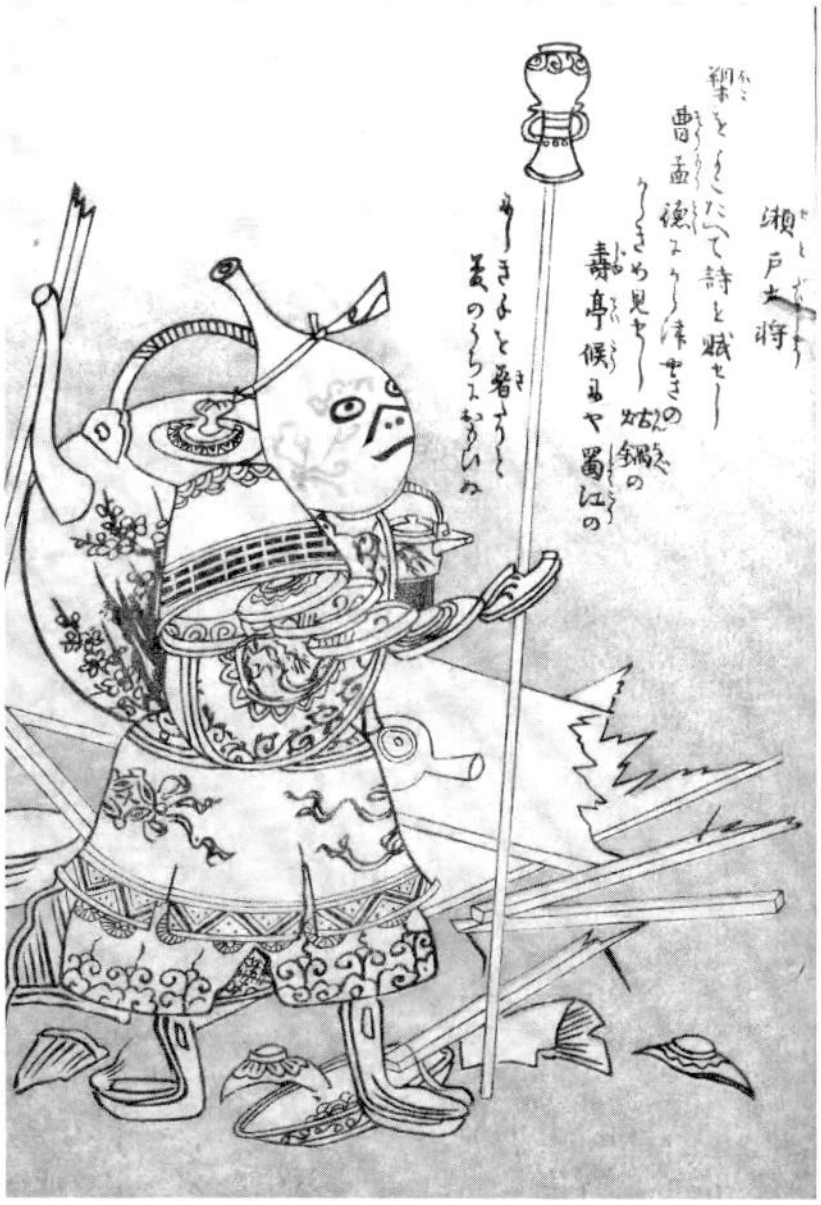

④瀬戸大将　『百鬼徒然袋』鳥山石燕画。
（スミソニアン・ライブラリー所蔵）

⑤木魚達磨

木魚（経をよむときにたたく木製の仏具）の妖怪。木魚はもとは魚をかたどっていましたが、それは魚はまぶたがないので昼も夜も寝ないと考えられていて、修行中の僧に精進を教える意味があったといわれます。禅寺の床の上にほうっておかれた木魚の精の妖怪です。

⑤木魚達磨　『百鬼徒然袋』鳥山石燕画。
（スミソニアン・ライブラリー所蔵）

垢なめ・天井なめ

あかなめ・てんじょうなめ

風呂場の垢や天井をなめる不潔な妖怪

不潔な妖怪

「垢なめ」という垢をなめる妖怪がいます。人が寝静まった夜に、風呂桶や風呂場についた垢をなめるのだといいます。

こんな妖怪がやって来ては気持ち悪いので、人々はふだんから風呂場や桶をきれいに洗っておくようにしたといいます。この妖怪の正体を見た人はいませんが、垢のアカから想像して赤い顔をしていたといわれ、ほこりやよごれが積もり積もって妖怪となったものと考えられます。

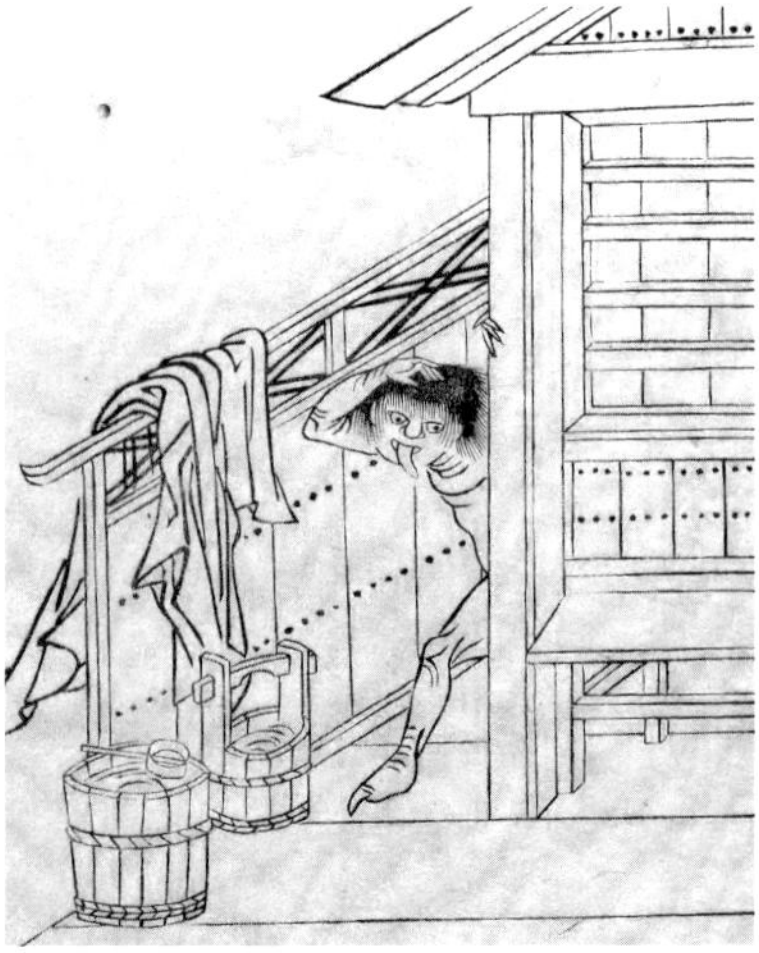

垢嘗　『画図百鬼夜行』鳥山石燕画。（スミソニアン・ライブラリー所蔵）

怪しいものがすむ天井裏

人のいないときに出てきて、長い舌を出して天井をなめる「天井なめ」という背が高く舌の長い妖怪もいます。天井にあるしみは、この妖怪がなめたからできたのだといわれます。明かりをつけても天井が暗いのは、この妖怪のせいだともいわれています。

天井裏というのは、家のなかでも部屋や廊下とは違った、怪しいものたち

天井嘗　『画図百器徒然袋』鳥山石燕画。（スミソニアン・ライブラリー所蔵）

がすむ異界と考えられていました。天井裏に鬼が食い殺した死体がたくさん散らばっていたとか、鬼がひそんでいて飛び出してきたといった話がたくさんあります。

そんな天井からぶら下がっている妖怪が、「天井下」です。今はあまり使われませんが、「天井を見せる」という言葉があって、天井を見せられるとあお向けに倒れてしまうことから、人を困らせるという意味で使われていました。

天井下　『今昔画図続百鬼』鳥山石燕画。（スミソニアン・ライブラリー所蔵）

枕返し

寝ているあいだに枕を動かす霊のいたずら

眠っているあいだに枕が動く

朝起きてみると、枕の位置が寝るときとは逆になっていたり、どこかに飛んでいってしまっていることがあります。現在では寝相の悪いせいだと簡単にかたづけられてしまいますが、昔の人は、それは「枕返し」という妖怪のしわざだと考えました。

なぜ枕が動くのかは、その部屋で死んだ人の霊がいたずらをするからだという話が伝わっています。

昔、ある宿屋に目の見えない旅人が泊まりました。盲人はだれも見ていないと思って、もっているお金の計算を始めました。それをそっと見ていた宿の主人は、あまりにもたくさんのお金

反枕　『画図百鬼夜行』鳥山石燕画。（東京藝術大学附属図書館所蔵）

なので悪い考えを起こしました。

次の朝主人は、道案内をするといって盲人を山のなかに連れていき、おそいかかってお金を奪いました。それからその宿には盲人の霊がすみつき、毎夜その部屋に泊まった人の枕を動かしたということです。

東北地方では、枕返しは「ザシキワラシ」（二〇八ページ参照）のしわざだとされています。ザシキワラシは、それがすみついている家の繁栄が保証されるという守護神のような性格をもっていますが、そういうもののいたずらだというのです。ですから、この地方の枕返しは恐ろしいものというよりも、よいことが起こる前ぶれだと考えられたのです。

美しい女性の姿をした枕返し

枕返しは、美しい女の人の姿をしていて、悪いことが起こる前ぶれだとされることもあります。

石川県金沢のある屋敷では、ある夜五人の若者が泊まって明かりをつけたまま寝ころがって話をしている最中に、枕返しが出たといいます。目がさめているのに、五人とも頭と足の位置が逆になったというのです。

それからこの家で、今度は一人の男が蚊帳のなかで寝ていると、真夜中に美しい女が障子を開けて忍び寄ってきました。女はしばらく蚊帳の外で蚊帳の寸法をはかっていましたが、やがて障子を閉めて出ていきました。なかの男は、蚊帳が妖怪が入るのを防ぐ結界の役割をしたので助かったのです。

この美人の枕返しは、人の命を奪うこともありました。この家の主人の草履取りが、屋敷の前で美人の枕返しに笑いかけられました。するとこの男はそのまま気を失って病気になり、とうとう死んでしまったというのです。

つつがむし・きっちょんむし・じょうげんむし・おきくむし

恙虫・吉六虫・常元虫・お菊虫

虫の妖怪になった死者の魂

生き血を吸う恙虫

昔、斉明天皇の時代（七世紀中ごろ）に「恙」というダニのような虫が現在の島根県の山奥にあらわれて、夜、家に忍び込んで眠っている人の生き血を吸い、吸われた人は死んでしまうこと

恙虫『絵本百物語』（部分）竹原春泉画。（湯本豪一記念日本妖怪博物館〈三次もののけミュージアム〉所蔵）

がありました。それを陰陽博士の働きで、ようやく退治することができたといいます。そこから、変わったことがなくて無事であることを「つつがない」というようになったのです。

陰陽博士というのは、この世界はすべて陰陽五行という法則で動いているとする古代中国の考え方を研究する、日本の古代にあった役所の教官のことです。

亡魂が虫の妖怪に

死んだ人間の魂が虫の妖怪となってあらわれることもよくあります。江戸時代、現在の栃木県に吉六という男が住んでいました。吉六は六兵衛という男から軽蔑されたのをうらんで、六兵衛を殺してしまいましたが、自分も捕えられ牢獄で死にました。この吉六の魂が、「吉六虫」という虫となって人々を怖がらせたというのです。

もとは武士だった男が、ならず者となって日本中悪いことをしてまわっていました。やがて年をとったため故郷である現在の滋賀県に帰りましたが、まだ悪事を働いていました。やがて人のすすめで髪を切って僧となり常元と名前も変え、少しはまともな暮らしをするようになったのです。しかし、昔悪いことをした罪で捕らえられ、カキの木にしばりつけられたあとで処刑され、死体はその木の根元に埋められました。

数日するとそこから怪しげな虫がたくさん発生しました。その虫は人がしばられたような形をしていて、やがて蛙になって跳び去ったといいます。その虫は毎年発生したので、人々は常元の亡霊だと信じ、「常元虫」と呼んだというのです。

死んだ女性の亡霊

奈良県と大阪府の県境の穴虫というところに、木熊という女が住んでいました。隣りの馬場というところの畑の大根を盗んだので、村人は木熊を捕えて、見せしめに生きたまま首だけ出して土のなかに埋めました。木熊は、「私が死んだら虫になって、馬場の大

於菊虫　『絵本百物語』竹原春泉画。皿屋敷お菊の亡霊。（湯本豪一記念日本妖怪博物館〈三次もののけミュージアム〉所蔵）

根を食い荒らしてやる」といって息が絶えたといいます。それから馬場では、大根に虫がついてよくできません。その虫を「キクマ虫」といいます。

また、この地方の櫛屋にお菊という十五歳の娘がいました。家が貧しいので、お菊は重い荷物を背負ってはあちこち櫛の行商をしていました。でも、櫛はなかなか売れず、米が買えませんでした。ある日、悪いこととは知りながらお菊は蔵に忍び込み、その日の分だけ米を盗もうとしましたが、役人に見つかってしまいます。お菊は小川に飛び込んでかくれましたが、とうとう役人に突き殺されたのです。

それからというもの、田植えのころになると、その川に櫛に似た形で蛍のような光を出す虫がたくさんあらわれるようになりました。人々はその虫を「お菊虫」と呼びました。

兵庫県の姫路城の近くにあらわれるお菊虫は、有名な怪談「播州皿屋敷」に語られる、主人の家宝の皿を割って殺された女中のお菊の亡霊だとされています。ちょうどお菊のように、後ろで手をしばられつり下げられたような姿で井戸に出てくるといわれています。

銭神・金霊（ぜにがみ・かねだま）

天から降る金銀のふしぎ

夕暮れに薄雲のようなものが立ち込める気配がして、何かわかりませんが声のようなものを出して、その気が人家の軒先を走るということがあります。それを刀で切ると、銭（お金）がたく

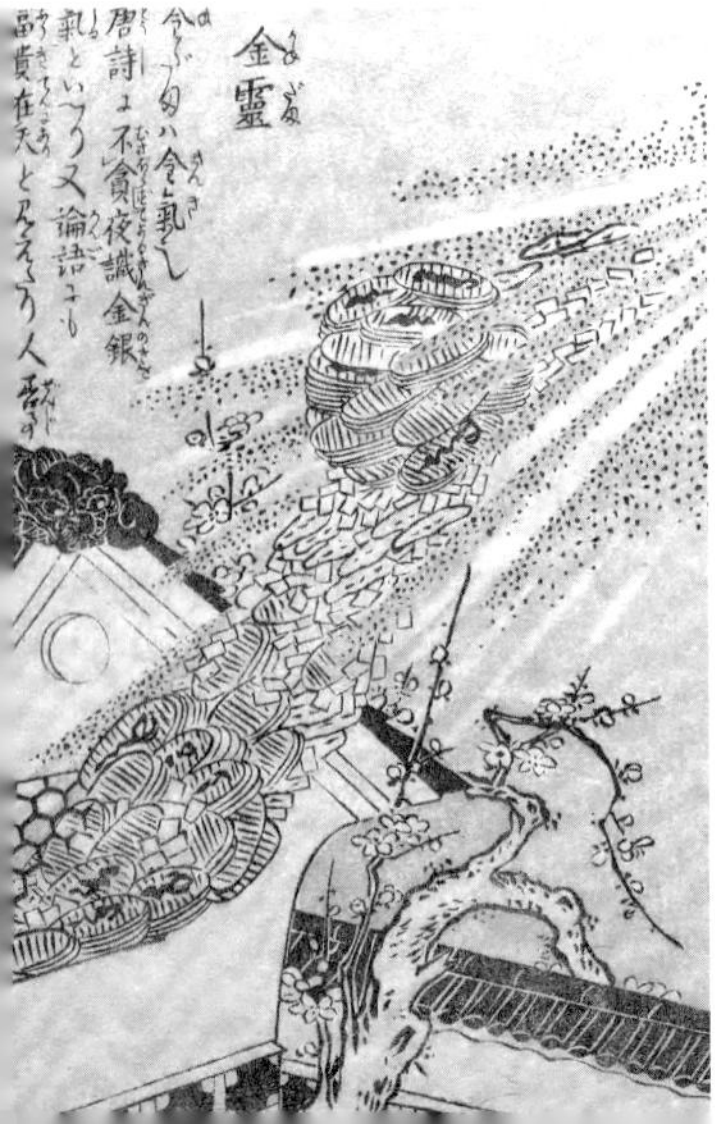

金霊　『今昔画図続百鬼』鳥山石燕画。（スミソニアン・ライブラリー所蔵）

さんこぼれ落ちてくるという、非常に珍しい妖怪の話が『古今百物語評判』に載っています。この妖怪のことを「銭神」というようです。

　これによく似た妖怪に「金霊」というのがいるといいます。ある日突然蔵の戸が開いて、どこからともなくたくさんの金銭が舞い込んでくるというのです。

長壁（おさかべ）

姫路城天守閣にすむ老婆

　兵庫県の姫路城の天守閣のいちばん上にすんでいる妖怪で、年に一度だけ老婆の姿で城主の前にあらわれ、ほかの人には姿を見せないそうです。もとは天守閣が築かれた山の神だったといわれ、城の守護神とも考えられています。

　その正体は「於佐賀部狐」という狐で、八百匹の家来を使って人の心を読んで化かしていたとも伝えられています。

おさかべ　『夭怪着到牒』（部分）北尾政美画。（東京都立中央図書館特別文庫室所蔵）

長壁　『今昔画図続百鬼』鳥山石燕画。（スミソニアン・ライブラリー所蔵）

加牟波理入道

便所に出現する大入道

便所にいる大入道の妖怪で、大晦日の夜に便所に行って「ガンバリ入道ホトトギス」ととなえれば出ないそうです。

ホトトギスは漢字で「郭公」の字を当てますが、この発音が、中国の便所の神「郭登」に通じるので、こうとなえるといいます。しかしいっぽうで、便所でホトトギスの鳴き声を聞くのは不吉だというういい伝えもあります。

加牟波理入道　『今昔画図続百鬼』鳥山石燕画。（スミソニアン・ライブラリー所蔵）

毛羽毛現

めったにお目にかかれない毛だらけの妖怪

「毛羽毛現」という妖怪は、全身に毛がはえていて、真んまるい目をしています。昔中国に、毛女という全身毛だらけで、飛ぶように走る仙人がいて、それに似ているのでこの名前がついたといわれています。めったにいないし、めったに見ないことから、「希有希見」とも書きます。

毛羽毛現　『今昔百鬼拾遺』鳥山石燕画。（スミソニアン・ライブラリー所蔵）

古庫裏婆

山寺の台所にすみついた老婆の妖怪

ある山寺で、七代前の和尚の妻の霊が台所にすみつき、お布施の米や銭を

古庫裏婆　『今昔百鬼拾遺』鳥山石燕画。
（スミソニアン・ライブラリー所蔵）

盗んだり、新しく仏様となった人の死体の皮をはいで食べたりするという恐ろしい妖怪になったものです。庫裏は寺の台所のことです。

目競

平清盛をにらんだ何千万もの骸骨の目

目競　『今昔百鬼拾遺』鳥山石燕画。
（スミソニアン・ライブラリー所蔵）

平安時代末に平清盛が、公家たちの反対をおしきって都を現在の兵庫県神戸市の福原に移すと、数々の異変が起こったといいます。女の大首があらわれたり、骸骨の頭が出てきたりします。初めは二つの骸骨の頭があらわれ、やがて、十、二十、百、千と増え、ついには何千万にもなって清盛をにらみつけます。清盛も負けずににらみ返すと消えてしまった、と『平家物語』に書かれています。

小袖の手

着物に残った着ていた人のうらみ

江戸時代初めごろの京都で、ある人が古着屋から買った着物をその娘が着たところ、病気になってしまいました。その後、家の前にその着物を着た知らない女が立ってスッと消えたり、かけておいた着物の袖口から女の白い手が出てきたり、次々ふしぎなことが起こります。着物を調べてみると、肩先からななめに切りあとがあり、うまく縫いあわせてありました。この着物は刀で切られて死んだ女の人が着ていたもので、そのうらみがこもったのだろうと、寺に納めて供養すると娘の病気もなおったそうです。

面癘鬼

古い面が化けて出た妖怪

昔、ある人が年をとった母親のもとを訪ねました。夜になるとどこからともなく、青い着物に紺の前掛けをした髪のみだれた女があらわれました。名前を聞いても返事をしないまま女は逃げていき、そのうちかすんで消えてしまいます。

ふしぎに思って原因を探しまわると、古い面が出てきました。これこそが妖怪の主とわかり、村の神社へ納めると、その後何も起きなかったといわれます。

目目連

障子にできたたくさんの目

だれも住まなくなった荒れはてた家の障子に、たくさんの目ができたもので、碁を打つ人の住んでいた屋敷かも

面霊気　『百鬼徒然袋』鳥山石燕画。（スミソニアン・ライブラリー所蔵）

しれません。

碁という遊びは、縦横に線を引いた碁盤の上に、交互に黒白の石を打って囲った地の広さを競いあう遊びです。「碁にこると親の死に目に会えない」といわれるほど、夢中になりやすい遊びです。碁に夢中になって家を没落させてしまった人の目が障子にうつって妖怪となったのかもしれません。

二口女

ふたくちおんな

二つの口でご飯を食べる

自分の産んだ子どもだけを愛して、先妻の子にご飯をやらなかった母がいました。このためとうとうその子は飢え死にしてしまいました。

死んで四十九日目のこと、父親が薪を割っていてあやまってこの母の頭に傷をつけました。その後傷は少しもよくならず、やがて唇の形になり、歯がはえ、舌ができ、ひどく痛みます。そこに食べ物を入れると痛みがやわらぐので、毎日ご飯を入れるのですが、まるで二つ口があるようです。その口からは、「自分の意地悪から先妻の子どもを殺してしまった」という声が聞こえてくるということです。

目目連　『今昔百鬼拾遺』鳥山石燕画。（スミソニアン・ライブラリー所蔵）

二口女　『絵本百物語』竹原春泉画。（湯本豪一記念日本妖怪博物館〈三次もののけミュージアム〉所蔵）

妖怪は現代にもいるのだろうか

岩井宏實

昔はふしぎに思われた現象もすべて科学的に説明ができるようになった現代でも、妖怪は人々に愛され、親しまれています。特に、この二、三十年はブームともいえるほどの人気です。

妖怪に対する関心は、日本の経済が急速に発展した昭和三十年代（一九五五〜六四年）から徐々に高まり、「悪魔くん」、「ゲゲゲの鬼太郎」、「河童の三平」などの漫画やアニメが少年少女の共感をよびました。「ゲゲゲの鬼太郎」は、古くから語り伝えられてきた「ザシキワラシ」にその原形を求められます。また、「一反木綿」や「塗り壁」などの伝統的な妖怪もテレビのアニメに登場しました。

学校では勉強、家に帰っては塾や習い事に、一日中がぎっしりと詰まった余裕のない日々を送る少年少女にとって、妖怪は心の安らぎを感じさせるものだったのです。夢とロマンを託する絶好のものであり、子どもだけでなく大人もそれを楽しみました。

昭和五十四年（一九七九年）には「口裂け女」が全国に出没して、世間を騒がせました。これも、伝統的な「山姥」のイメージと似たものがありました。

年号が平成に変わった（一九八九年）ころから、「学校の怪談」が全国あちこちに広まりました。「トイレの花子さん」はその代表です。学校の怪談の舞台となるのは、トイレのほかに保健室や音楽教室、体育館などです。これらの場所は、ふだん使っている教室に対して、いつもは使わない非日常の空間で、「異界」という言葉であらわすことができます。そのような場所は、伝統的な日本の妖怪が出る場所でもあるのです。

しかし、この学校の怪談の妖怪は、子どもたちが本当に怖がったり身の危険を感じるというのではなく、親しみをもって対するものです。怪談話をすることによって、少しのあいだ異次元の世界に入り、張り詰めた心の安らぎを感じています。それが一人ではなく何人かが、あるいはもっと広くクラスの大部分が幻想し、幻覚し、幻聴するというもので、これによって子どもたちのなかにある種の連帯感を生み、コミュニケーションの手段となるのです。

高度に文化が発達した現代では、人がそれぞれ能力を精いっぱい生かして努力しても、うまくいかなかったり、人から認められない場合がたくさんあります。そのようなときに常識では割り切れないふしぎな世界を求めることによって、精神的苦痛をいやすことができるのではないかと、人々は望みをもちます。それが妖怪の世界です。現代はまさに「妖怪願望」の時代といえます。

『東京日々新聞』四百四十五号。落合芳幾画。明治6（1873）年8月4日に老いた狸の化けた妖怪があらわれた。文明開化の時代にも江戸の妖怪はまだまだ生き残っていた。（国立国会図書館所蔵）

索引

項目名になっている妖怪の名を50音順に並べました。

谷川健一編著『稲生物怪録絵巻—江戸妖怪図録』ミネルヴァ書房
千切光歳『鬼の研究』大陸書房
千切光歳『仙人の研究』大陸書房
千切光歳『天狗考　上』濤書房
千切光歳『天狗の研究』大陸書房
知里真志保『アイヌ民譚集』岩波文庫
千葉幹夫『妖怪ふしぎ物語』［ローカスなるほどシリーズ］ローカス
千葉幹夫編『全国妖怪事典』［小学館ライブラリー］小学館
常光　徹『学校の怪談』ミネルヴァ書房
常光　徹編『妖怪変化』［ちくま新書］筑摩書房
中村禎里『河童の日本史』日本エディタースクール出版部
中村義雄『魔よけとまじない』塙書房
西角井正大『伝統芸能シリーズ４　民俗芸能』ぎょうせい
芳賀日出男『日本の民俗　上　祭りと芸能』クレオ
馬場あき子『鬼の研究』三一書房
早川孝太郎『猪・鹿・狸』郷土研究社、角川文庫、「世界教養全集　第21巻』平凡社
日野　巌『趣味研究・動物妖怪譚』養賢堂
日野　巌『植物怪異伝説新考』有明書房
平野威馬雄『井上円了妖怪講義』リブロポート
福田清人『日本の妖精たち』三省堂らいぶらりい
藤沢衛彦『図説日本民俗学全集　第４巻民間信仰・妖怪編』あかね書房
藤沢衛彦『妖怪画談集　日本篇上・下』中央美術社
松谷みよ子『河童・天狗・神かくし』「現代民話考Ｉ」立風書房
水木しげる『不思議旅行』中公文庫
水木しげる『水木しげるの続妖怪事典』東京堂出版
水木しげる『水木しげるの妖怪事典』東京堂出版
水木しげる『水木しげるの妖怪文庫』（全四巻）［河出文庫］河出書房新社
水木しげる『妖怪クイズ百科じてん』小学館
水木しげる『妖怪入門』小学館
水木しげる『妖怪百物語』小学館
宮田　登編『ふるさとの伝説４　鬼・妖怪』ぎょうせい
宮田　登『妖怪の民俗学—日本の見えない空間』［同時代ライブラリー］岩波書店
宮本袈裟雄『天狗と修験者—山岳信仰とその周辺』人文書院
柳田国男監修『日本伝説名彙』日本放送出版協会
柳田国男監修『日本昔話名彙』日本放送出版協会
柳田国男『妖怪談義』『遠野物語』『一目小僧その他』ほか［『柳田国男全集』（筑摩書房）、『口語訳　遠野物語』（河出書房新社）、角川文庫、ちくま文庫など］
山田野理夫編『怪談の世界』時事通信社
山田野理夫編『日本怪奇集成』全２巻、宝文館
山中　登『かっぱ物語』河出書房
湯本豪一編『明治妖怪新聞』柏書房
吉川観方編『絵画に見えたる妖怪』〔正篇〕美術図書出版、〔続篇〕洛東書院
吉田敦彦『昔話の考古学—山姥と縄文の女神』［中公新書］中央公論新社
吉田禎吾『日本の憑きもの』中央公論社
吉野裕子『狐』法政大学出版局
ラフカディオ・ハーン『怪談』（平井呈一訳）岩波文庫
ラフカディオ・ハーン『怪談・奇談』（田代三千稔訳）角川文庫
若尾五雄『河童の荒魂—河童は渦巻である』堺屋図書
和田和文『ニライからきた人魚』（井口文秀絵）小峰書店
『妖怪の本』学習研究社
「特集　妖怪」『伝統と現代』第Ｉ巻第３号、1968、伝統と現代社
「変身」『伝統と現代』第７号、1971、伝統と現代社
「妖怪の本」『新評　臨時増刊』1974、新評社
「おばけと幽霊」『太陽』1975、平凡社
「ファンタジーの世界」『児童文芸　臨時増刊』1976、ぎょうせい
「絵本のなかの妖怪たち」『絵本』1976、すばる書房
「魔—その系譜と諸相」『フォクロア』第３号、1978、ジャパン・パブリッシャーズ
「怪異思想研究」『歴史公論』４巻８号、1981、雄山閣
「妖怪学入門」『ユリイカ』VOLI68、1984.8、青土社
「妖怪」『季刊　自然と文化』1984秋季号、日本ナショナルトラスト

参考文献

赤坂憲雄『異人論序説』砂子屋書房
悪魔研究会編『悪魔の研究』六興出版
アダム・カバット校注・編『江戸化物草紙』小学館
阿部主計『妖怪学入門』［雄山閣ブックス］雄山閣出版
阿部正路『日本の妖怪たち』［東書選書］東京書籍
阿部正路・千葉幹夫編『にっぽん妖怪地図』角川書店
有井　基『怨霊のふるさと—兵庫のミステリー』のじぎく文庫
安藤　操・清野文男『河童の系譜—われらが愛する河童たち』日本エディタースクール出版部
池田弥三郎『日本の幽霊』中公文庫
池田弥三郎『空想動物園』コダマプレス社
悳　俊彦編・解説、須永朝彦文『国芳　妖怪百景』国書刊行会
石上　堅『木の伝説』宝文館
石田英一郎『新版　河童駒引考』［岩波文庫］岩波書店
石川純一郎『河童火やろう』東出版、桜楓社
石川純一郎『新版　河童の世界』時事通信社
石川文一『琉球怪談選集』沖縄文教出版
石塚尊俊『日本の憑きもの—俗信は今も生きている』未来社
石橋臥波『鬼』裳華書房
磯　清『民俗怪異篇』「日本民俗叢書」磯部甲陽堂
市原麟一郎『土佐の怪談』一声社
市原麟一郎『土佐の妖怪』一声社
乾克己ほか編『日本伝奇伝説大事典』角川書店
井上円了『井上円了・妖怪学全集』（全六巻）柏書房
井之口章次『日本の俗信』弘文堂
岩井宏實『暮しの中の妖怪たち』［河出文庫］河出書房新社
岩井宏實文、川端　誠絵『少年少女版　日本妖怪図鑑』文化出版局
岩井宏實文、川端　誠絵『少年少女版　日本妖怪ばなし』文化出版局
岩井宏實監修、近藤雅樹編『図説　日本の妖怪』［ふくろうの本］河出書房新社
江戸イラスト刊行会編『人物妖怪』柏書房
江馬　務『日本妖怪変化史』［中公文庫］中央公論新社
岡田章雄『犬と猫』毎日新聞社
岡田建文『動物界霊異誌』「郷土研究社第二叢書」郷土研究社
岡田建文『幽冥界研究資料１・２』周防国宮市天行居
岡田建文『霊怪真話』慈雨書洞
尾崎久弥編『怪奇草雙紙画譜』国際文献刊行会
笠井新也『阿波の狸の話』郷土研究社、「日本民俗誌大系　第３巻」角川書店
粕　三平『お化け図絵』芳賀書店
神田左京『不知火・人魂・狐火』春陽堂
京極夏彦ほか文、多田克己編『竹原春泉　絵本百物語—桃山人夜話』国書刊行会
京極夏彦文、多田克己編・解説『暁斎　妖怪百景』国書刊行会
窪田明治『江戸動物民話物語』雄山閣
桑田忠親ほか編『妖異風俗』「講座日本風俗史　別巻第６巻」雄山閣
小松和彦『異人論』青土社
小松和彦『日本妖怪異聞録』［小学館ライブラリー］小学館
小松和彦『憑霊信仰論—妖怪研究への試み』［講談社学術文庫］講談社
小松和彦『妖怪学新考—妖怪からみる日本人の心』小学館
小松和彦・内藤正敏『鬼がつくった国・日本』光文社
五来　重『鬼むかし—昔話の世界』［角川選書］角川書店
近藤喜博『日本の鬼』桜楓社
今野圓輔『怪談—民俗学の立場から』現代教養文庫
今野圓輔『日本怪談集（幽霊篇）』現代教養文庫
今野圓輔『日本怪談集（妖怪篇）』［現代教養文庫］社会思想社
桜井徳太郎ほか『変身』「ふおるく叢書」弘文堂
佐々木喜善『奥州のザシキワラシの話』「日本民俗誌大系　第９巻」角川書店
佐竹昭広『酒呑童子異聞』平凡社
佐藤米司編『岡山の怪談』日本文教出版
沢田瑞穂『鬼趣談義』国書刊行会
柴田宵曲『妖異博物館　正・続』青蛙房
柴田宵曲編『随筆辞典　第４巻奇談異聞編』東京堂
白井光太郎『植物妖異考　上・下』甲寅叢書刊行所
真保　亨・金子桂三編『妖怪絵巻』毎日新聞社
関山守弥『日本の海の幽霊・妖怪』学習研究社
高田　衛『餓鬼の思想』新読書社
高田　衛監修、稲田篤信・田中直日編『鳥山石燕　画図百鬼夜行』国書刊行会
高橋秀雄・小山　豊『祭礼行事・和歌山県』おうふう
武田　明編『日本の化かし話百選』三省堂ブックス
武田静澄『河童・天狗・妖怪』河出書房
只腰宏子『間関記』太洋社
田中香涯『医事雑考・妖異変』鳳鳴堂書店
田中香涯『学術上より観たる怪談奇語』
田中貴子ほか『図説　百鬼夜行絵巻をよむ』［ふくろうの本］河出書房新社
田中初夫編『図画百鬼夜行』渡辺書店
谷川健一『鍛冶屋の母』思索社
谷川健一『神・人間・動物』平凡社
谷川健一『続日本の地名』岩波新書
谷川健一『魔の系譜』紀伊國屋書店
谷川健一監修『別冊太陽 No.57　日本の妖怪』平凡社
谷川健一編『子供の民俗誌』「日本民俗文化資料集成24」三一書房
谷川健一編『妖怪（日本民俗文化資料集成 8）』三一書房

監修者
岩井宏實（いわい・ひろみ）
国立歴史民俗博物館名誉教授・帝塚山大学名誉教授。文学博士。一九三二年、奈良市生まれ。二〇一六年逝去。立命館大学文学部卒業。大阪市立博物館主任学芸員、国立歴史民俗博物館教授、同民俗研究部長、大分県立歴史博物館館長、帝塚山大学教授、同学長などを歴任。専門は民俗学、民具研究。著書に『地域社会の民俗学的研究』『絵馬』『曲物』『看板』（以上、法政大学出版局）、『民具の博物誌』『旅の民俗誌』（以上、河出書房新社）、『暮らしのなかの妖怪たち』（慶友社）など。

本書は、『日本の妖怪百科——絵と写真でもののけの世界をさぐる（全五巻）』（二〇〇〇年四月、小社刊）を再編集・再構成した『ビジュアル版　日本の妖怪百科』（二〇一五年五月→【普及版】二〇二〇年一月、小社刊）を、一回り小さい判型にして刊行したものです。

日本の妖怪百科

二〇二三年五月二〇日　初版印刷
二〇二三年五月三〇日　初版発行

監修　岩井宏實
発行者　小野寺優
発行所　株式会社河出書房新社
〒一五一－〇〇五一
東京都渋谷区千駄ヶ谷二－三二－二
電話〇三－三四〇四－一二〇一（営業）
〇三－三四〇四－八六一一（編集）
https://www.kawade.co.jp/

組版　小山茂樹（ブックポケット）
印刷・製本　大日本印刷株式会社

Printed in Japan
ISBN 978-4-309-22887-7